海上絲綢之路基本文獻叢書

中西文化交通史譯粹（下）

朱傑勤 譯

文物出版社

圖書在版編目（CIP）數據

中西文化交通史譯粹．下／朱傑勤譯．-- 北京：
文物出版社，2022.7
（海上絲綢之路基本文獻叢書）
ISBN 978-7-5010-7687-1

Ⅰ．①中… Ⅱ．①朱… Ⅲ．①中外關係－文化交流－
文化史－文集 Ⅳ．①K203-53

中國版本圖書館 CIP 數據核字（2022）第 097833 號

海上絲綢之路基本文獻叢書

中西文化交通史譯粹（下）

譯　　者：朱傑勤
策　　劃：盛世博閱（北京）文化有限責任公司

封面設計：鞏榮彪
責任編輯：劉永海
責任印製：張道奇

出版發行：文物出版社
社　　址：北京市東城區東直門内北小街 2 號樓
郵　　編：100007
網　　址：http://www.wenwu.com
經　　銷：新華書店
印　　刷：北京旺都印務有限公司
開　　本：787mm×1092mm　1/16
印　　張：9.375
版　　次：2022 年 7 月第 1 版
印　　次：2022 年 7 月第 1 次印刷
書　　號：ISBN 978-7-5010-7687-1
定　　價：90.00 圓

總緒

海上絲綢之路，一般意義上是指從秦漢至鴉片戰爭前中國與世界進行政治、經濟、文化交流的海上通道，主要分爲經由黄海、東海的海路最終抵達日本列島及朝鮮半島的東海航綫和以徐聞、合浦、廣州、泉州爲起點通往東南亞及印度洋地區的南海航綫。

在中國古代文獻中，最早、最詳細記載『海上絲綢之路』航綫的是東漢班固的《漢書·地理志》，詳細記載了西漢黄門譯長率領應募者入海『齎黄金雜繒而往』之事，書中所出現的地理記載與東南亞地區相關，并與實際的地理狀况基本相符。

東漢後，中國進入魏晋南北朝長達三百多年的分裂割據時期，絲路上的交往也走向低谷。這一時期的絲路交往，以法顯的西行最爲著名。法顯作爲從陸路西行到印度，再由海路回國的第一人，根據親身經歷所寫的《佛國記》（又稱《法顯傳》）一書，詳細介紹了古代中亞和印度、巴基斯坦、斯里蘭卡等地的歷史及風土人情，是瞭解和研究海陸絲綢之路的珍貴歷史資料。

隨着隋唐的統一，中國經濟重心的南移，中國與西方交通以海路爲主，海上絲綢之路進入大發展時期。廣州成爲唐朝最大的海外貿易中心，朝廷設立市舶司，專門管理海外貿易。唐代著名的地理學家賈耽（七三〇～八〇五年）的《皇華四達記》記載了從廣州通往阿拉伯地區的海上交通『廣州通夷道』，詳述了從廣州港出發，經越南、馬來半島、蘇門答臘半島至印度、錫蘭，直至波斯灣沿岸各國的航綫及沿途地區的方位、名稱、島礁、山川、民俗等。譯經大師義净西行求法，將沿途見聞寫成著作《大唐西域求法高僧傳》，詳細記載了海上絲綢之路的發展變化，是我們瞭解絲綢之路不可多得的第一手資料。

宋代的造船技術和航海技術顯著提高，指南針廣泛應用於航海，中國商船的遠航能力大大提升。北宋徐兢的《宣和奉使高麗圖經》詳細記述了船舶製造、海洋地理和往來航綫，是研究宋代海外交通史、中朝友好關係史、中朝經濟文化交流史的重要文獻。南宋趙汝適《諸蕃志》記載，南海有五十三個國家和地區與南宋通商貿易，形成了通往日本、高麗、東南亞、印度、波斯、阿拉伯等地的『海上絲綢之路』。宋代爲了加强商貿往來，於北宋神宗元豐三年（一〇八〇年）頒佈了中國歷史上第一部海洋貿易管理條例《廣州市舶條法》，并稱爲宋代貿易管理的制度範本。

元朝在經濟上採用重商主義政策，鼓勵海外貿易，中國與歐洲的聯繫與交往非常頻繁，其中馬可·波羅、伊本·白圖泰等歐洲旅行家來到中國，留下了大量的旅行記，記録元代海上絲綢之路的盛况。元代的汪大淵兩次出海，撰寫出《島夷志略》一書，記録了二百多個國名和地名，其中不少首次見於中國著録，涉及的地理範圍東至菲律賓群島，西至非洲。這些都反映了元朝時中西經濟文化交流的豐富内容。

明、清政府先後多次實施海禁政策，海上絲綢之路的貿易逐漸衰落。但是從明永樂三年至明宣德八年的二十八年裏，鄭和率船隊七下西洋，先後到達的國家多達三十多個，在進行經貿交流的同時，也極大地促進了中外文化的交流，這些都詳見於《西洋蕃國志》《星槎勝覽》《瀛涯勝覽》等典籍中。

關於海上絲綢之路的文獻記述，除上述官員、學者、求法或傳教高僧以及旅行者的著作外，自《漢書》之後，歷代正史大都列有《地理志》《四夷傳》《西域傳》《外國傳》《蠻夷傳》《屬國傳》等篇章，加上唐宋以來衆多的典制類文獻、地方史志文獻，集中反映了歷代王朝對於周邊部族、政權以及西方世界的認識，都是關於海上絲綢之路的原始史料性文獻。

海上絲綢之路概念的形成，經歷了一個演變的過程。十九世紀七十年代德國地理學家費迪南・馮・李希霍芬（Ferdinad Von Richthofen，一八三三～一九〇五），在其《中國：親身旅行和研究成果》第三卷中首次把輸出中國絲綢的東西陸路稱爲『絲綢之路』。有『歐洲漢學泰斗』之稱的法國漢學家沙畹（Édouard Chavannes，一八六五～一九一八），在其一九〇三年著作的《西突厥史料》中提出『絲路有海陸兩道』，蘊涵了海上絲綢之路最初提法。迄今發現最早正式提出『海上絲綢之路』一詞的是日本考古學家三杉隆敏，他在一九六七年出版《中國瓷器之旅：探索海上的絲綢之路》中首次使用『海上絲綢之路』一詞；一九七九年三杉隆敏又出版了《海上絲綢之路》一書，其立意和出發點局限在東西方之間的陶瓷貿易與交流史。

二十世紀八十年代以來，在海外交通史研究中，『海上絲綢之路』一詞逐漸成爲中外學術界廣泛接受的概念。根據姚楠等人研究，饒宗頤先生是華人中最早提出『海上絲綢之路』的人，他的《海道之絲路與昆侖舶》正式提出『海上絲路』的稱謂。選堂先生評價海上絲綢之路是外交、貿易和文化交流作用的通道。此後，大陸學者馮蔚然在一九七八年編寫的《航運史話》中，使用『海上絲綢之路』一詞，這是迄今學界查到的中國大陸最早使用『海上絲綢之路』的人，更多地限於航海活動領域的考察。一九八〇年北京大學陳炎教授提出『海上絲綢之路』研究，并於一九八一年發表《略論海上絲綢之路》一文。他對海上絲綢之路的理解超越以往，且帶有濃厚的愛國主義思想。陳炎教授之後，從事研究海上絲綢之路的學者越來越多，尤其沿海港口城市向聯合國申請海上絲綢之路非物質文化遺産活動，將海上絲綢之路研究推向新高潮。另外，國家把建設『絲綢之路經濟帶』和『二十一世紀海上絲綢之路』作爲對外發展方針，將這一學術課題提升爲國家願景的高度，使海上絲綢之路形成超越學術進入政經層面的熱潮。

與海上絲綢之路學的萬千氣象相對應，海上絲綢之路文獻的整理工作仍顯滯後，遠遠跟不上突飛猛進的研究進展。二〇一八年厦門大學、中山大學等單位聯合發起『海上絲綢之路文獻集成』專案，尚在醞釀當中。我們不揣淺陋，深入調查，廣泛搜集，將有關海上絲綢之路的原始史料文獻和研究文獻，分爲風俗物産、雜史筆記、海防海事、典章檔案等六個類别，彙編成《海上絲綢之路歷史文化叢書》，於二〇二〇年影印出版。此輯面市以來，深受各大圖書館及相關研究者好評。爲讓更多的讀者親近古籍文獻，我們遴選出前編中的菁華，彙編成《海上絲綢之路基本文獻叢書》，以單行本影印出版，以饗讀者，以期爲讀者展現出一幅幅中外經濟文化交流的精美畫卷，爲海上絲綢之路的研究提供歷史借鑒，爲『二十一世紀海上絲綢之路』倡議構想的實踐做好歷史的詮釋和注脚，從而達到『以史爲鑒』『古爲今用』的目的。

凡例

一、本編注重史料的珍稀性，從《海上絲綢之路歷史文化叢書》中遴選出菁華，擬出版百册單行本。

二、本編所選之文獻，其編纂的年代下限至一九四九年。

三、本編排序無嚴格定式，所選之文獻篇幅以二百餘頁爲宜，以便讀者閱讀使用。

四、本編所選文獻，每種前皆注明版本、著者。

五、本編文獻皆爲影印，原始文本掃描之後經過修復處理，仍存原式，少數文獻由於原始底本欠佳，略有模糊之處，不影響閱讀使用。

六、本編原始底本非一時一地之出版物，原書裝幀、開本多有不同，本書彙編之後，統一爲十六開右翻本。

目録

中西文化交通史譯粹（下）

中西文化交通史譯粹（下）

後三節
朱傑勤 譯

民國二十八年中華書局鉛印本

元代馬哥孛羅所見亞洲舊有之現代流行品 Dr. E. W. Gudger 著

一 其人

馬哥孛羅 (Marco Polo 1254——1325或1326)十五歲時，其父 (Wicolo) 及其叔 (Maffeo Polo) 適第一次東遊而返威尼斯 (Venice) 時方一千二百六十九年也。兄弟二人離威尼斯作第一次游歷之時，已不可考惟於一二六〇年則方在君士坦丁堡 (Constantinople) 從事商業，復由此地橫過中亞細亞而入蒙古族忽必烈大可汗之王庭。第二次游歷，則馬哥孛羅隨行。一二七一年離威尼斯，橫過亞洲，歷時三年有半，卒於一二七五年達大皇帝之庭。忽必烈對於二位長者殷勤延接，敬禮有加，而於約二十一歲之馬哥，尤加青眼。馬哥乃服務於朝，預參樞密，又復奉使遠方，足遍全國，以宣威德。彼見忽必烈非特留意於管治事務，而對於民情風俗，各部之工商業及自然界事物等類，亦感興趣。乃將其所見所聞之事，或筆之於片楮（依剌木西奧 Ramusio 之說，）或記之於備忘錄，覩彼上忽必烈之報告表，殊可決其簡在帝心矣。考之在馬哥孛羅書中弁言第十六章載忽必烈曾對於出使雲南而旋之青年威尼斯人加以評語，云：『倘此少年長在，則必其爲一大價值及大才幹之人矣。』日後其片楮殘縑，乃巍然成世界最偉大之游記。

孛羅之族留華不久，因恐大可汗或其子孫不許之行。一二九二年，忽必烈欲遣朝中科克清公主（Lady Kokachin）嫁於其姪阿富汗（Arghun）即波斯之王也。陸路之跋涉又非十七歲之幼女所能當，而險狀亦至不可測，此隊專使乃決意由海道而往。惟此隊專使並非海員，而孛羅之族則熟諳航術，大可汗乃從波斯人之請，命威尼斯人導引。孛羅族人大加贊助，蓋見其機會已至，大可囊括財帛，安旋威尼斯也。最後忽必烈勉强應承，經布置妥當，親爲祖餞之後，乃盛賜孛羅族人而遣之。一二九二年由刺桐（福建之泉州）出發，船十三艘，隨員六百人，船員不計。

海程不利，耽時甚久，於一二九三年孛羅族人及科克清公主，卒達波斯灣之和爾木斯（Hormuz）三使團則失其二，其服裝器具幾盡失。宮主乃揮淚而別，入於波斯王宮，而孛羅族人乃往太別士（Jabria）居之有頃，復由君士坦丁堡入威尼斯，其抵步時則在一二九五年或一二九六年也。彼等之去約二十四年（1271—1295或1296），在王室者凡十七年

(1275—1292)。此數十年間，威尼斯之變動大矣，此數子亦不免有人事滄桑之感。按剌木西奥 (Ramusio) 之說，彼等認回原籍，蓋甚艱難，惟最後卒達目的，孛羅族人坐擁巨資，施施然稱威尼斯之富民矣。

三人之中，馬哥最著。其述異之日記中，可以盡見忽必烈之富，及中國全體之大，且因其多財，人爭呼爲百萬富翁之馬哥或出口百萬之富人。(Marco milioni and I. Lmilioni) 所居之室，則呼爲富翁之宮 (Corte del milione)，而其家則爲富翁之家 (Ca' Milione)。

馬哥孛羅既爲威尼斯之富人，則必優游樂圃，以終餘年，則此鉅作必無成書之一日。然天固不許如是之湮沒，乃有威尼斯及芝諸亞二共和國之戰役發生，蓋各爭地中海東部商業獨霸之權也。兵連禍結，兩爭不決，卒於一二九八年，芝諸亞人大勝，乃大舉水師以伐威尼斯。威尼斯人亦即派出一艦隊聯合海口之軍以禦之。中有一艦，乃爲著名旅行家馬哥孛羅所指揮者也。

兩軍相接於達爾馬提亞 (Dalmatia) 海岸之庫索拉島 (Islandof Curzola)。此役，威尼斯人大敗，馬哥之船被獲，身降爲囚，載往芝諸亞，困於獄中。時獄中有一伴，雅有文才，乃比薩人拿氏丁斯安奴(Rusticiano of Pisa)是也。其筆乃注定作馬哥孛羅之書，而成爲信史者。於是馬哥於長日漫漫中偶述其所見之奇事於拿氏丁斯安奴，而拿氏丁斯安奴乃勸之口授其游記。然馬哥離華日久，凡所記憶，苦未能詳，必有賴於其零篇散頁之日記，乃求於當事許其派人往威尼斯其父處討取。此事進行，甚爲順利，馬哥於一二九八年九月或十月入獄，復於一二九九年七月出獄，其回威尼斯或在一二九九年也。消磨於獄中者凡十月，拿氏丁斯安奴已將馬哥先生之故事筆之於書，以饗世人矣。

馬哥之生活，由一二九九年回威尼斯，至其歿於一三二四年或一三二五年中，乃爲安居樂業之市民。其姓名時時發見於紀錄，惟於其行事大節，並無明文足新吾人之目者。歿後葬於聖羅尼蘇教堂(San Lorenzo Church)，從其願也。當時同輩類皆視其爲野史稗官之流，不知其語實非鑿空也。聖羅尼蘇教堂重建於一五九二年，斑斑古迹，蕩然無存。又馬哥之眞容或畫本，亦未傳於世。今之所見者，皆畫師憑自己之想像，而出之以白描，景仰前徽，迢乎遠矣！

三 其書

其人之歿，距今已六〇八年矣，而其書固長存天壤間而不可廢也。吾爲此語，事出有因。馬哥孛羅不愧爲中世紀之希羅多德(Herodotus)，特借拿氏丁斯安奴之筆述之。述者法文造詣雖不甚佳，但其書享名一時，傳譯者有數國文字。如是我聞，今日已有九十二種手筆——拉丁文四十五種，意大利文（各種方言）二十一種，法文十八種，德文六種，西班牙文一種，波斯文一種。有多種印刷版本，德文譯本一四七七年初發行於羅林堡(Na-remberg)。各種版本之數目若干，余不能確知，惟一九二一年則著錄有八十八種。然此數目不實不盡也。

須注意者，則此富翁之書，自出世以至過去數十年，從未有加以信任，——人皆以其與「一千零一夜」又名（天方夜譚）同類而並視之。馬哥死後許久，相傳謂在威尼斯蒙面中跳舞會常有一人扮演富翁馬哥以說「大話」以「刺環觀羣衆之耳。」又有一同時年代學家竟謂馬哥臨歿在床，力懇其友取消其不可必的故事。其實我方童年，讀馬哥孛羅之書，皦初生男爵 (Baron Munchausen) 之書及天方夜譚——皆等量齊觀，荒唐一例。一八七八年，尙有在米蘭 (Milan) 印行一書名「Giulio Verene, I Viaggi Oli marcopolo,」等類。故此偉大之旅行家在本國亦無甚光榮焉。

其後學者經一番考計輯纂之功，世人始對於此中世紀之希羅多德，乃漸始珍視，而衆論交推，僉以英人所著者爲最善。然著錄之第一版本乃一五五九年 G. B. Ramusio 氏之「Navigationie Viaggi」。馬哥孛羅個人之歷史有須申辨之事實，皆載於該集之第二卷序中。一五五三年之序，Ramusio 表明此種事實乃得之於威尼斯之一元老 (Gasparo Ma-Ipiero)，而此公又輪流聞之於其父及若祖——老祖乃馬哥之後輩，而常居於馬哥之家者也。在同一序中，Ramusio 有云『我之印行此書，乃藉數種二百年前之著作（我之斷定如此），故其精確可信，迥出諸家之上。』此種譯本，與其本身之詳情，其價值已爲玉爾 (Yule) 及攷狄 (Cordier) 所共見，凡經過譯者，皆放在四方括弧之內。本文亦略約引之。一八二七年，巴都拉邦尼 (Baldelliboni) 重印 Rasmusian 譯本，加註甚多，而一八五五年柏克 (Burck) 之德文本大部分翻譯 Ramusio 之文及馬士頓 (Marsden) 之註爾。

一八一八年，威廉馬司頓(William Marsdon)在敦倫印行第一英文本，有註有序。一八二四年，巴黎地理學會印行最矜貴之稿本為(Rustician 最近原本之一。)隨後又有一八六五年之班非亞氏(Panthier)之譯本乃根據巴黎大圖書館中三種未經見之稿本而成者。繼有一八七一及一八七五年玉爾(Colond Henry Yule)之第一及第二版本，一時地理學家皆讀馬哥孛羅一游記，而視此主人翁為出入中國之著名中世紀游歷家矣。其歿後者，則為玉爾及攷狄合註(Yule-Cordier)本，凡二大冊，第三版中有玉爾之註，則在其死後印出者。玉爾之女，將父之稿轉交於其父執攷狄(Henri Cordier)，彼為一大中國學家，出其全力以完成第三版於一九〇三年。此書第三次重印——第二次則在一九二一年云。凡欲估計其人及其書之性質多求於此書，卽對於玉爾書中導言由 104—116 頁之語，尤須注意焉。據引一段，以為介紹。

『馬哥孛羅，世界上已承認為中世紀游歷家之王，與其歸功於其品行才能之超羣，無寧諉諸經驗之廣博，行程之汗漫，及其本人之浪漫性之為當耳。』

然後任讀者披覽 166 及 107 頁，則可見此大旅行家之所見所為，自必承認此大旅行家爲中世紀之希羅多德，非中世紀之最偉旅行家，乃萬世之最大旅行家也！此大版本可謂盡學者之能事，余亦誦之不止一次，既搜羅以上之事實，而馬哥孛羅之語，一一快覩。馬哥孛羅之書，滿載東方之怪事，昔賢補訂，日有發明，而余無所用其贊助。余甚妬羨初讀此巨著之人也！

三　馬哥孛羅時亞洲之現代流行品

馬哥書中材料之豐富，及玉爾考狄二人補注之宏博，凡欲加以援引者，頗有花多眼亂之慨。余，自然科學家也，故對於自然界歷史之巨量材料，興趣尤濃——亦望他日有人出而搜集印行關於動物之註——例如孛羅稱羊爲 Ovis Poli 是也。雖然，余敢自効，將孛羅時代之人所發明之事物，而吾人今日重翻舊調者，加以說明，聊當嗅引。

海軍建設

晚近輪船建設之進步，一日千里，而馬哥孛羅之時代，固自不弱也。多桅船——三桅船之視爲海軍建設之極軌，蓋數百年矣。余記憶所及，四桅輕船初出時，人有走數里之路以觀之者。然後有五桅者，六桅者，最後七桅者，吾料今世之船必不復入多桅之林矣。

惟馬哥孛羅在其游記之導言中，述及阿魯汗之護使及科克清公主預備回國時，孛羅族人，親手指導，在第十七章（Vol 1,P34.）〔一〕有云：『忽必烈下命備十三隻船，每船皆有一甲板，四桅及十二帆云。』復次，第三卷第一章（Vol, P.249）馬哥云：『此船（商人來往印度羣島所用者）祇有一舵，〔二〕有時加有二桅，則行止如意矣。』玉爾補說謂其中之一，或爲船頭斜桅，乃中國所常用者。

馬哥孛羅所言之大船，需用二百五十人駕駛——Ramusio之譯本，則謂二百六十人。Ramusio更謂以前彼等所用者，較此更大云。當無風時，則用櫓，四人一櫓，或用帆，或用櫓，而偕大沙船，履險如夷矣。

避水艙——避水艙已視爲超現代之計劃，此種計劃在近代造船術，謂能保船之安全而足以自信者。惟考狄補充Ramusio譯本中先已言之。馬哥在書中第三本第一章，（Vol.2,P.249—250）述中國之避水艙：

『其船之最大者，更有避水艙十三所，皆以堅固之木版構成，船或奔礁石，或為餓鯨所擊，（此事實為慣見，因船夜行，常發為波紋，偶有鯨魚在旁，見之幻成泡沫，疑為有可食，乃向前狂衝，往往擊船致壞）致有裂痕。設水奔入裂處，流入底艙，——艙底本無一物——而水手乃就受損之處，淸所載之貨入於隣艙，因夾版甚固，密，水不能由一艙流入他艙也。於是可以止裂處，而歸貨於原位。』

釘板及船塞，——關於此事，元代中國人已先用之，初非近日發明也。馬哥孛羅於其書中之本，第一章，(Vol. 2, P.250) 有云：

『釘板皆用鐵釘，板邊相叠不遺一線。木板不塗瀝青，因其人無此物也，惟仍以別物塗抹其邊，[三]則自己為勝瀝青也。至其製法，可得而言。先以石灰及碎麻，用某種木油，搓為一起，三者混合後，則成為膠。以之塗船，頗得其用。』

有一事堪追憶者，則當隆冬之際，北方港口冰結，必有小汽船以為拖駁，船頭必有釘板或鑲板以為保護，凡出發北冰洋之木製捕鯨舟之船殼，亦必有鑲板。馬哥孛羅之書(Vol. 28, P.251) 有述之者：

『船用一年之久，每欲修補，則必加鑲於第一第二層之上，鑲必以釘，再補再鑲，至不可補救乃止。故往往經若干年，船鑲至六七層之厚。船之兩傍既鑲至六七層厚，也不能出海，惟走內河，至爛乃已。』

船駛一年，例應再鑲，蓋船非堅實椽木所造成，但以樅木造耳。每當一季之末，則船殼敗壞開裂，則須用捷法修理。船舊往往用爲沿河駁船之用，與今日所用者初無殊致也。

縫船法——縫船之法，非獨今日最近用於印度之 Malabar 及 Caromandel 海岸，我信世界各處必有同法者：其性質甚合於破浪小舟之用也。惟馬哥先生當日親見之，而在書中第三本第十九章 (Vol. 1, P. 108) 表其用於波斯灣之 Hormuz 云：

『其船實爲劣事…………因其無鐵釘連繫之，惟以印度硬果皮扭爲繩狀而縫之。彼等擊此果皮至碎，如馬毛一般，而以之縫於船之木板，製作極好，海水不能蝕，但不能當巨浪耳。』

印度之硬果，乃爲椰子無疑，亦如人頭之狀，其描寫亦不差。此種事在歐人著作亦有言之。至於擊果皮如馬毛一般，又顯然今日所謂椰子絲也。

文化進步，人已不復樂於步行，而以牲口或機械代步。孛羅族人橫過中亞細亞而入忽必烈之庭，亦藉驢馬之力。蒙古馬隊，有驍悍名。其他殊多足述。

驛馬快郵——十九世紀之六十年，當太平洋中聯鐵路跨高山而入於美洲合衆國，則有著名之馬快(pony Express)爲之通郵，往來奔走於路兩端。此種快郵每以十里或二十五里爲一站，則換人變遞。讀麥吐溫(Mank Twain)之受苦(Roughinglt)如見一輕騎疾馳入站，自擲其身及其郵袋於新馬之鞍，一瞬間已人馬不見矣。故馬快專郵由Saint goesphg Missowri 遞至 Sacramento 以二千里之距離，費時八日，小時約行十里，亦可謂迅矣。

但忽必烈已早於五百年前已有馬驛快郵。馬哥在其書第二本第二十四章(Vol.1. P.P.433—437)乃謂由皇城(Canbaluc)(卽北京或北平)皆建有大道以達各省。每二十五里皇路，則爲一 Yamb (驛)或站，爲旅客停留之所，亦所以利於御使之進行也。馬哥謂全國不止一萬站，而馬過三十萬之數，皆專爲郵遞而設也。

其補救馬力之不足，則尚有足夫。印度不久以前尚有用之，每人皆有一袋，繫以小鈴，令人聆而知避。驛舍中間，分設小站，每三里有一，足夫負袋奔至一站，則轉交於別人。雖然，其有急電快信者，仍用馬往，騎者亦裝鈴如足夫。馬哥孛羅亦有言之者。(P.436)：

『彼等由站中取一馬，早配有鞍而飽食嘶風者，立跨之，盡力疾馳。第二站者一聞其聲，即配置一馬，及一人裝束如上者，既到，立接過其信件，又復疾馳至第三站。第四站亦然。人馬常換，故疾駛亦不足爲病，而其迅速良可驚人矣。』

馬哥孛羅之特別敍述信差之速度，乃夸大而矛盾。他在此章則謂足夫之帶信，由一地至別地需十日路程者，則一日夜可矣，一百日之距離者，則須時十日夜可矣。而在他方面，則謂驛使一日行二百或二百五十里者，一夜亦然。彼仍注明夜行較慢，因須人持火把步行隨之，而騎馬者必降低其速率以就步行者也。

馬哥孛羅復加一二瑣語，以說明騎者之服飾，則我以爲（當然不能決定）亦屬吾人騎馬郵差（Pony Riders）之實情也。其言曰：『此等人（騎者）價値頗高，彼等不以堅帶纏其肚部腰部及臀部，則永不敢爲此。』蓋彼不如此，則不堪顛播。尤可證其觀察不虛者，則下文所述之側路（舖砌之路）。（第一本，七十七章——Vol.2, P. 189）：『惟因皇家驛使不能躍馬而過平路，則惟有於路之兩旁留而不砌，予以利便而已。』此種設施，在今日美國之坦路邊，往往有泥土的隆起處，亦騎馬之人所以利用以愛惜馬足者也。

狗車——吾人久知在北冰洋——在西利亞，亞沙加(Alaska)乞頓灣(Hudson Bay)一帶，及在靑土(Greenland)冬日旅行，則非藉狗之雪車不可。馬哥孛羅游記第四本第二十章(Vol.2.P.P.479—481)述及西伯利亞之郵務狗。他或爲皇室派往其地考察，或由他人轉述其事，並無可考。惟其所述，宛如目覩。彼謂遠北有一王，其名曰康齊(Conchi)，忽必烈之親人也。其國行十三日乃達，不能以馬。其地有郵館預備一日之程，以狗四十，載郵差來往各站。其文如下：

『郵差所生之處，鋪以紅熊皮，以六犬拉之。初無馭狗之人，惟一直到別站，越泥過雪，履險如夷。守郵館者亦備狗之雪車，而示以最捷之道路。當此隊到前站，則復有一隊犬車替換，而舊者自可退回，僕僕長途，以犬爲役。』

公用車——現代城市生活有一最大利便者，則爲輕車事務，在今日則自動汽車皆是也。此種事至等閒，本無重論之要。然中國在馬哥孛羅之時，大城市中居然有公用車出現，誠屬駭人聽聞矣。馬哥孛羅游記第二本第七十七章(Vol. 2.P. 206)有云：

『Kinsay（杭州）城之大街，此類車（公用的）來往不絕。車身甚長，有簾有茵，一房容六人，皆士女游樂之唯一利器也。』

玉爾附言，謂當時中國北部之大城中，此種車實較今日爲盛云。中國棄而不用之時，卽歐洲拾人唾餘之日。至其不用之原因，或因路政不修之故。疑此物或用馬力，狀類肩輿云。

清潔及衛生事務

吾人生於今日，多以爲衛生程度，達於極點，前者所未能過矣。不知馬哥孛羅時代中國衛生事業，固自不弱也。欲知趣事，請閱下文。

口套及面套——天時寒冷，每患傷風之疾，人欲防之，惟有以物蓋其鼻，亦所以免微生物之侵入也。外科醫生割症之時，尤不可少此一物。吾嘗一日見解剖室中外科醫生多以面具蓋其面。教門之人常曰：『太陽之下，無物爲新。』觀於馬哥孛羅之書（第二本十三章——Vol.1,P.383)而益信：

『凡伺候大王之飲食者……其口與鼻，乃套以絲及金之巾，俾氣息不能外透，致染御食。』

◎涎杯——近日醫學衛生發達，吾人始知用涎杯，或染受呼吸病所用之承受器，療養院之肺癆症者亦有用之，名爲 de rigeur。中國於十三世紀已有用之。馬哥孛羅游記第二本第三十四章 (Vol. p.458) 有云：

『各貴人在朝，皆有一美麗的小盂以備吐痰。——蓋無人敢於地上吐之者——既吐完，（入器中）則蓋之，放在一邊。』

酒杯——近人讌會，每人必具一杯，所以免病之傳播，法至善也。馬哥孛羅當日與科克清公主繞印度而回，見米麻省 (Maabar 即 Coromandel Coast) 凡有讌會，人各一杯。其書第三本，第十七章 (Vol.2.p.342)（此段事實在 Ramusian 譯本始發見之）有云：

『彼等飲酒之時，每人各設一杯，從不調亂，飲時杯不接唇，惟高舉其杯，傾酒入口而已，以口接杯，即爲犯例。生客如無杯者，則傾酒於手而飲之。』

吊牀——在托爾高省 (Tortugas) 佛羅里達地方 (Florida) 之華盛頓的卞內基研究所 (Carnegie Iusti tu tion of Washington) 之水產動物學之實驗室，爲避免蟻之侵入起見，則以鐵棒懸床而睡，而鐵棒又經塗以石油者也。今日在熱帶地方，欲避免蟲類之騷擾，惟用此法，庶可安全。而馬哥孛羅在 Maabar 所見，固與此若合符節。其書第三本第十七章，(Vol.2,P.346) 乃 Cordier 由 Romusio 譯本插入者，則有下列之紀載：

『此邦之人，其床皆以籐爲之，臨睡時，則以繩拉高，幾到天花板，過此一夜。迹其目的，乃令蜘蛛餓蝨不得肆其牙爪，同時亦可多得空氣也。但此種事獨限於王公貴人，其他則眠於街中耳。』

通氣筒——通氣筒之爲物，在熱國中令人容易入睡，不可謂非重要之事也。種種設計，以應此需求者，則有印度之人力風扇，乃現代之流行電風扇也。而近阿刺伯海之何毛士 (Hormos) 地方，已有人用之者，馬哥孛羅書中第三本第四十章 (Vol.2,P.452) 有云：

『熱甚，居人之屋皆有通氣筒以邀風。通氣筒放在當風之處，清風入舍，披襟可當。』

玉爾亦對於此種通氣筒作一有趣之聲明，謂爲『一種石工所用之風帆。』且指明今日埃及，美索不達米亞 (Mesopotamia) 波斯及印度北部皆通之。而此種設計，初由波斯云。玉爾在書中 (Vol. 2,PP. 452—453) 大加討論，讀者可並參考及之。

金牙——此事驟見之，似與上題無關，然此事實奇而且趣，不可不於此討論之。以金輔齒實爲近代牙科之著名發見，其用所以蔽敗壞之牙，往往有極軟之牙，無剛物以輔之，則易於碎裂，故金牙尚焉。馬哥孛羅游記第二本第一章(Vol.2,p.84)謂在 Zardandan 之省則有此俗云：

『此地之人皆有鍍金之齒，各人皆以一種金匣合套其齒者，因而蓋之牙之上下皆然。』

Zardandan 乃波斯字，卽『金牙』之謂也。此省近汶江之上源。其地之人鑲牙，乃係全身或邊緣，則未可定。獨鑲牙邊，則或可信。有人謂其人當食時則脫其金殼。然在一八〇〇年，馬司頓(Marsden)及剌夫爾茲(Raffles)見蘇門答臘之人，則効法此事，『有時刻成牙狀』雖食睡不除云。我知當時之事，必有類於吾人鑲金牙者也。

宮室、衣服、等類

馬哥孛羅所述各事，可隸於上列項目者甚多，雖難分新舊，然亦不無可述也。他嘗述用竹，他乃呼之爲杖，乃極有趣。此事在東方初無足異，而馬哥孛羅在其書中述其用途有三。竹屋——今日印度羣島則見拆竹爲屋，其頂其壁，惟竹是用。馬哥孛羅在其書第一本第六十一章(Vol.1,p.209)謂忽必烈在Chandu（開平府）建一行宮，爲避暑之地，乃以竹造。其屋頂之創法尤奇，今述於此：

『其屋頂，亦如他部，皆製以竹，塗之以漆，雖雨亦不能腐蝕之也。其竹圓約三掌之度，長度則十五步。「竹去其節，析之爲片，用代陶瓦，又作壁牆，但須加以釘，恐其爲風吹去也。」』

至其編竹爲瓦之狀，則彼此相疊，作魚鱗之狀，如中國今日之瓦面焉。

竹纜——中國今日河舟所用之纜或牽繩，及長江上之挽船索，皆以竹爲之。而馬哥孛羅之書第二本第七十一章(Vol.2,p.171)中有述之者。其述游於江Kian（指長江）云：

『有一事須知者，則江中船隻往上流之時，必須纜拉，因水流峻急，不能安然渡上也。乃有牽纜，長三百步，以竹製者。若大竹，則長十五步，破之，（析爲細條）扭之作繩，長短任意。此種繩之堅固，實勝於麻製者也。』

爆竹——竹之爲用雖廣，而此事尤不可不注意及之。凡讀東方游記或探險書籍，從不聞有游客放竹之青節於火，令其爆炸以爲驚獸之用。而馬哥孛羅游記第二本第四十五章（Vol.2,p.43）乃載 Debet 省中多有此事。忽必烈之兄名孟狗汗（Mangu Khan）者，曾一度荒棄其地域，卒致綠竹叢生，野獸繁殖，入其國者，危險不堪。馬哥孛羅乃述此地竹之用途云：

『吾今告汝，凡過此地之商人及旅客——至夜間，則集竹而燒之，卜卜有聲，而虎熊猛獸，大懼而逃，如法爲之，萬無一失。……居民採竹成堆，一時焚之。有頃，大烈，則爆發如雷，聲聞十里。故能收効之大耳。』

樹皮衣——第一次游南海（South Sea）者，則見土人以樹皮爲服，用以蔽體。此俗至今猶未消滅。歐洲大戰之時，德人嘗製紙爲衣以穿之。後之視今，亦猶今之視昔耳。惟馬哥孛羅時代，中國已有樹皮衣矣。惟其紀載，殊屬未詳。其書第二本第五十九章（Vol. p.124）謂 Ciuju（貴州）之人以某種樹之內層之皮，製爲夏服，形式甚佳云。

農業、畜牧、及食料生產方法。

馬哥孛羅所述上事，別有四種，與味充足，殊足注意。

無殼之麥——大麥爲一種穀類，似乎發源於亞洲西部，由來已久。麥爲穀類之最堅硬者，其產生地則在緯度及高度最高之處。在今日食穀之人皆知避有殼之穀。蓋此種有殼之物入於工人之服內，則令人不安，家畜食之則致病。美國百科全書謂有二種無殼之麥，惟並未指明出產地也。我以爲似乎是亞洲種，或屬於馬來種者。但馬哥孛羅在當日於Badashan 省（Afghanistan 之北）見一種無殼之麥可備一說（參看第一本第八十章）（Vol.I.P.158）

犛牛及牝牛之混種——犛牛發見於中亞細亞，野生者則大而且强。惟余未知近世曾有人試令與他畜混種否，惟 Ramusio 乃謂馬哥孛羅在其書第一本第五十七章（Vol,1P, 274），謂在 Ergviul 國（未詳）『其人以普通牝牛與犛牛混種，而由此法混種者，必成爲最良之獸，結果甚佳云。』以余觀之，此事實爲哺乳動物中之人爲混種方法也。最近人爲之哺乳動物之混種方法，乃用家牛與水牛相混種耳。如此，則具有水牛之耐苦，及家牛之良好肉質。

乳類及其產品——近世衞生學發達，而處理乳類及其產品得法，亦人類幸福之一也。今日乳類之用途多至不可勝計，或爲流質，或爲固體，各得其用，以利人羣。

乳類雖在馬哥孛羅之前——希羅多德(Herodotus)曾有述之（參看 Rawlinson 譯文之第四卷第二章。）惟引起西歐之注意，則始於馬哥孛羅也。其游記第一本第五十三章(vol.1,P.259)，謂韃靼人所飲第爲馬乳，其製法甚妙，今人以爲白酒，稱之爲 Kumiz 云。

關於 Kumiz 之用途及製法之詳情，可看玉爾之補註(vol.1,pp,259—260)茲摘其有趣者著於下文：

『新鮮馬乳乃放於瓶狀之馬皮器（玉爾有圖樣說明之；）加少許 Kurut（攪成牛乳之後所剩之酸牛油）或若干牝牛乳，以棒痛攪之，以防酸化，又可以引空氣入於流液中也。三四日後，飲料成矣。』

Kurut 係另一種乳類產物，爲韃靼中人之食料，與 Kumiz 爲飲料，初無異致也。關於此點，馬哥孛羅又在第二章講及韃靼人行軍所用之乾糧矣。韃靼人之長，乃飲乾乳或

Kurut，其製法及其用途，與吾人今日之煉乳一般。馬哥孛羅先生在其書中（第一本第五四章——Vol.1, p.262）述及其製法及用途，可資省覽：

『彼等皆帶有乾乳如糊者，當需用食物時則放於水內，擊之至溶，然後飲之。（其製法如下，先煮牛乳，其滋養部份必浮其上，乃撇之入於瓶內，乃用以製牛油；因此物不去，則乳永不能成爲固體也。後乃置乳於太陽之下而曬之至乾。一有遠征，每人取十磅乾乳，晨早則放半磅乾乳於皮瓶，以水浸之，多少任意。行行重行行，而瓶中乾乳已與水打成一片，竟成爲糊，可以充飢。）』

西米粉——東方之能造西米粉，及其用途之傳入歐洲，今不可考矣。惟馬哥孛羅先生航海繞蘇門答臘時，則見 Lambri 國已有製而用之者，其書第三本第十一章（Vol.2, p. 300）中有云：

『其地有一種樹，可以產粉，其品甚良，可作食料。其樹高而且大，但其皮則甚薄，樹皮之內，塡粉至滿。』

此種敍述，殊欠明瞭。惟馬哥孛羅實親見之。因在 Ramusio 之譯本，有製造法之詳情，而又謂馬哥孛羅曾親帶少許而回祖國。玉爾援 Ramusio 之語至盡 (Vol.2,p.305) 而砇狄（在第三版中）又引 A. R. Wallace 之書名馬來羣島 Malayarchipelago 者以實其言。由此觀之，此事尚非臆造也。

政事

成古斯汗及其後人佔有全亞及歐洲東南全部，其目的在克服全世界，而在未死之前，其勢力已緊握全人類之半矣。在馬哥孛羅當日，忽必烈在此大王國中獨享其名，玉爾云：『在亞洲及歐洲東部，蒙古人未離之前，雖犬亦不敢吠，由波蘭及司干德龍灣 Scanderoon 而直達黑龍江『amur 及黃海。』

今將馬哥孛羅所紀關於中國如何管治之法，備著於篇，亦一趣事。惟篇幅無多，且又須務與今日所通行者，方足述，故聊述數事，供諸讀者。

紙幣——一國之大，其第一需要者，則爲全國金融而有普遍性者。忽必烈覺知製造紙幣。『十巴仙 (Bezant) 之值之紙幣，其重量不及一金巴仙。』馬哥孛羅之書第二本第十四章 (Vol.1,p.423—426) 有述及忽必烈之製造廠，謂所有貨幣皆生於其中，此殊值得注意者也。他又云：『我所述者，人或不信，然我非誑語者。』他謂成億萬兆之貨幣由此而出，所以日後威尼斯之人呼馬哥孛羅爲百萬之富翁，並非無故也。

紙幣——以桑樹皮製成。馬哥孛羅述其法如左：

『彼等由樹之木及外層之皮之中間，取出一種白色之纖維，乃製成紙樣而色黑。造成之後，則斬成片片，大小不一。其中最小者則值半吐利蘇爾(tornesel)，稍大者則值一吐利蘇爾，又較大者則值半個銀古魯(groat)（威尼斯銀幣等）其他又值一個古魯者，復由二個至十個。亦有一種值一個巴仙金額，復由三個至十個云。此種紙幣之發行，殊有權力，行使如金銀一般。紙幣之上，有官簽名蓋印以負責。既畢，則皇帝所委之大臣以朱塗印，印之於紙幣之上，故封印之形式仍紅，則紙幣已證明有効矣。倘有人焉，拒而不用，則罪至死。皇帝每年造此種紙幣，多不可計，雖無所費，惟仍求與世界上之現金相埒也。』

蒙古紙幣之發行，因無現金爲基礎，則價値之起跌不常，亦意中事。而在中國發行紙幣，此實非第一次矣，玉爾謂第六世紀已有用紙幣。第一次蒙古發行紙幣在一二三六年，而忽必烈伸張遺法，由一二六〇年至其死日一二九四。至於討論紙幣之發行及其價格之起跌，請看 Yule 及 Cordier 之附註（Vol. 1P.P.426—430）。

警鐘——地方政府要務之一，在偵查及消滅大火。凡旅行新美倫，紐約，新澤西（New Jersey）及賓夕爾瓦尼亞（Pennsylvania），常見村落中之粗陋而經濟的警鐘。其物之爲狀，或有彈簧以振發之，或懸以練而以鎚擊之。此鐘一響，村人齊集滅火矣。惟在馬哥孛羅之日，中國人已用之常慣矣。其書第二本第六十六章（Vol.2,p.189）論及 Kinsay 城（杭州）之治安者有云：

「城內有一塔建於高處，塔頂懸一木板，城內或有火警及其他意外事，則有一人手持木槌，猛擊木板，聲聞遠處。此聲一播，人盡知之。」

在 Cambaluc（北京），忽必烈設一有鐘之高塔，有警則登而擊之。但其初亦不過暮鼓晨鐘之類耳。報時鐘之類，孛羅族人並不以爲奇，蓋當時威尼斯及其他歐洲城鎮久有此法也。威廉大帝傳此法入英國云。

雜項

馬哥孛羅所述尙有數事，不止於上述諸款，然頗饒興趣，不可令其湮沒，特著於此。

刻板印刷術—— 刻板印刷術之傳入歐洲，是否與馬哥孛羅有關一問題，古今討論者，不乏其人。玉爾則以其事爲不然（導論卷 Vol.1, P.P.138—141）一言盡之，則馬哥孛羅並未與於此事。雖然，中國其時已用有刻板印刷術之消息，實由彼帶返，卽上述之紙幣，亦以刻板印刷術爲之也。一木先印文字，而他木則印簽押也。此結論我亦得自玉爾，（參看 Vol.2, P.426—卷二）他舉一明朝紙幣爲例，因其有二色。元朝之紙幣不可得而見矣，而明繼元興（1368）相距不遠，凡所製作，相似頗多。

截馬尾—— 方余童年，在加羅列那（Carolina）西北之山僻居，時方隆冬，泥濘荒地，出游多在馬背。路上奔馳，馬之尾易爲泥濘所聚，天氣寒凛，則轉瞬結冰。故必結其尾，或懸之使高，久已成爲習俗。後漸知剪短馬尾，一則爲上述之故，二則爲美觀而設也。此法在冬日固佳，然一至暑天，飛蠅拂面，則馬乃大苦。雖然，據余所見，亦與騎者以無限之利便矣。

此法或爲一古老而普及之方。而研究人類風俗習慣之進化者類能言之，一人所需者，他人亦若是。中國在馬哥孛羅當日已慣經此事矣。其書中第二本第六十九章（Vol.2, p.8)。乃謂 Carajan 省（在 Lrrauadi流域之雲南）之人久已行之。他云：『彼等將馬尾截短之四節，令其不能拂及騎者，行之有素，甚爲利便』云云。

高度地方的烹飪——今日人盡知在高度地方之處，煮物甚難，蓋在空氣低微之處，煮水難熱也。班麻(Pamir)之地，可稱爲世界之屋頂，馬哥孛羅嘗過之，見地點極高而冷，乃云：『吾須注意者，則此地大冷，燒火亦不大亮，亦不如常之熱，其煮食物亦不大發生效力也。』第一本第三十二章——Vol.1, P.171) 因此知其所紀之事實，較 (Humboldt) 及諸家所述爲先，且有趣味，亦足徵此大旅行家觀察力之銳利矣。

矮人及人魚之製造——馬哥孛羅嘗與阿魯汗之護使及科克淸公主環游亞洲東南部時，曾至爪哇，親見矮人之製造。其書中第三本第九章（Vol.2, P,P.285—286）中有云：『此地之人常帶矮人回家，謂由印度而來者，實全爲騙人之言。我將告汝，此種所謂矮人，乃在島中製造，此島有一種猴子，其形絕小，而其面則如人。彼等捉而拔其毛，除眉鬚髮等處，去之淸淨，以紅花之類爲其薰染，至如人之狀。所謂由印度帶回來者，全爲謊語，不止印度，就全世界亦無如是之矮人也。』

我以爲僞造矮人，卽日後製造人魚之先聲。人魚之製造，嘗一度施行於亞洲東南部之海岸。已故之柳加博士(Dr.F.A.Lucas)常言彼最初航行至中國、印度支那、蘇門答臘及爪哇，（前世紀之後六十年間）各地口岸皆有人魚出售，航客多購回國，以爲樣本，誠然，三年之間，已有人携二樣本來美國博物院中我之辦公室矣。此種僞造之人魚，乃以一細小而乾潔的猴子之軀幹鑲接於一乾魚之尾，成爲一體，鱗毛相參，巧不可辨。售者旣奇貨自居，而買者又深信不疑，故其價値高出一切。當我細加考察，爲之辨明，其人方啞然失笑。故我謂柳加博士之意見，亦以馬哥孛羅所述之僞造矮人爲近世人魚之先聲也。

此文漸長矣，惟仍有許多事人所欲知也，今擇尤先述。

又當其航行至西蘭島(Seilan,)，則見美吐那(Bettelar)潭中有人採珠，其法甚多，能以魔術制鯊，使不傷入海採珠者。我相信談及此種職業，氏或爲第一人，而以咒語制大魚，則今日尙有行之者云。

斯特累波(Strabo)及後世許多作家，曾謂波斯灣頭有一種食魚爲生之動物，有衆謂此地之畜生亦好食魚者。但馬哥孛羅乃首（我相信祇有他人）謂『凡魚新出水者，則家畜甘之如飴。」

孩兒之生也，有時有尾，（因脊柱延長之故）。此醫學界中人所知之者也。醫書所載，類此者不下百件。世有生而有尾種族與否，又爲別一件事，人類學者對於此事，甚以爲趣，因自從托勒密（Potolemy）及提細阿斯（Ctesias）之日，已有申明此族屬於亞洲東南部，東印度，及美拉尼西亞（Melanesia）。古代之希羅多德有述及此與否，則余不得而知，惟中古之希羅多得蓋有之矣。他在Lambri國（蘇門答臘）嘗聞於人云。

余之勞力光陰，耗於此文者不可謂少，然猶望讀者因觀余文，而進求玉爾及考狄合訂之馬哥孛羅游記，寢饋既深，自然有得，發明而光大之，則余之心血不爲徒灑也。

註〔一〕此處及以下採引之語出取自威尼斯人馬哥孛羅先生之東方紀奇錄。(The Book of Ser Marco Polo, the Venetian, Concerning the Kingdoms and Marvels of the East.)一書，亨利玉爾 (Colonel Sir Henry Yule) 譯註，而法國亨利考狄修訂彙補第三版者，一九二一第三版，全書二卷。John Murray 公司發行。凡所引第若干本第若干章，乃馬哥孛羅原文，爲利便讀者起見，特加行玉爾考狄補註之文，寓明卷數頁數，以括弧表之。

二　馬哥孛羅當時、歐洲船多有二舵者。

三　疑在板蹾。

中西文化交通史譯粹

英國第一次使臣來華記

一九三

朱傑勤著

目次

一　導言

昔者西人之通聘於我國，除懷德畏威，附庸上國外，其目的大都側重於通商，而傳教特其餘事耳。『夫象胥達志，情款非易通也；漲海浸天，帆檣非樂赴也。而黃支獻見，漢以來史不絕書；番禺都會，唐以後舶乃雲萃。可知殊裔之貢珍，視中華爲天府，諸蕃之懷化，求市買以自封也。』（清河蕭令裕粵東市舶論）蓋西人嗜利，不恤和平，趫捷狙獷，機械多端，抵我邊境，帆影蔽天，沿海埠頭，競思壟斷，蓋專利事業，十七世紀已盛行矣。明末清初，歐西各國直航來華，不遠千里，貿易是求，皆以中華爲利藪，而我國則以天朝面目向人，既知其來意，故結以恩信，報以貨賄，彼輩若有反側之心，則吾人可以限制或禁止其貿易。彼等遠來匪易，故往往退就吾人之約束，亦以當時國力方盛，遂能措置裕如，不虞有變。葡荷諸使，仗節來朝，吾人常不假以辭色，偶有請求，常遭失意，甚至有狠狽至不堪問者，彼等亦忍氣吞聲，莫敢誰何，懼一反對，則通商權利亦隨之而斬也。『方乾嘉間，拿破侖之威震歐洲，吾國不聞不知，視之若他星之戰伐也。英與印度有事，吾國上諭，謂之蠻觸之爭，天朝不理。甚至英法諸國之來交通也，未知其商人之僞稱貢表歟？抑眞自其政府來歟？而上諭煌煌，黃綾之綸綍煌煌，皆曰諭該國王。又甚之外商之遞貢表者，不知其爲領事歟？抑爲外商之謬言歟？其來粤也，閉粤城南門令一千總高坐於城門胡床上，令遞貢表者跪於城門前而戴表於首，縋而上之，然後開門賜謁。其待緬甸安南諸貢使也，督撫坐於堂，環列羣官，貢使九拜而賜坐於席地焉。當時之中國，何其倨也。』（康有爲忘恥）此種自大之心，我國歷來有之。在鴉片戰爭（一八四〇—一八四二）前，我國閉關自守，國威未損，自不以「夷人」掛在眼梢，即如一千七百九十二年（乾隆五十七年）英國第一次使臣馬卡特尼（Lord Macartney）之來華，恭敬自持，禮物多珍，猶不免失望而回，其他可想而知矣。彼等昔日使節來華交涉處處之困難，實無異於吾人今日在外交上種種之棘手，相形之下，盛衰自然，至足令吾人感慨遙集也。

二　出使之原因

英國爲一商業國家，其境內從事商業者，大都爲優秀的民衆，其力量固可左右本國之行政而有餘。故遣使來華一事，不問而知其多少帶有商務之使命矣。英國雖不惜先施之禮，聯二國之交，然此行殊非順利，且並英人立足點而亦不可得也。其他歐洲諸國之人，叩關而來者，無不飽載而歸，相形之下，不禁令英垂涎三尺矣。

十五世紀，歐洲各國鼓勵航業，積極通商。葡萄牙乘時而起，霸海爲雄，一千五百十年（正德五年），攻陷印度西岸之卧亞府(Goa)爲根據地，次年，又攻取麻六甲(Malacca)，經略南洋之蘇門答臘及爪哇，復遣使至印度、中國各邦政府以通好。一五一四年（正德九年），滿剌加新任總督 Jorge De Albuquerqae 遣 Gorge Alvares 東來，至廣州之屯門島(Tummen)，並於此立一石碑，以爲發見之紀念。自是以後，葡人來華貿易者甚衆，終明之世，未嘗有變，我國亦寬假之；彼等復租得澳門爲根據地，歲納租金若干，尋復拒納，久假不歸，烏知非其有也！其後葡萄牙國權日衰，致爲英荷二國所制，今已無能爲矣。然其來華，既先且久，其早爲華人所認識宜矣。

荷蘭人之來中國本後於葡，而屢與葡萄牙爲敵。一千六百零四年（萬曆三十二年）及一千六百零七年（萬曆三十五年），荷蘭人兩次至廣東，欲與中國通商，皆爲澳門之葡人所阻。一千六百二十三年（天啓二年），荷蘭水師提督萊佑蓀(Korn lis Rayerszon)率領戰艦十五艘，戰士二千人（其中荷蘭人九百名，馬來人及日本人一千一百名）襲澳門，大敗而退，乃東據澎湖島，與來往商船貿易而已。一千六百二十四年（天啓四年），更東進而佔台灣島，一千六百六十二年，復爲鄭成功所逐。至一千六百八十一年（康熙二十年），清兵攻陷廈門，荷人亦遣艦助之，修舊怨焉。其後屢請通商，中國對之亦無惡感。西班牙人之來，介乎葡荷二國之間，先在廈門通商。至一千五百八十一年（萬曆九年），西葡二國合併矣。（關於明末清初歐西諸國來華貿易競爭事，余別有文詳論之，玆不贅述於此。）

歐人多奉天主教者，因熱心傳教，遠航來華，往往而是。其人類多學問湛深，才華煥發，而立身操行，如履薄冰，道貌岸然，令人起敬，足迹所到，人盡歡迎。即彼國人之來貿易者，吾人亦不惜予以相當之親善。彼傳教士遂竟爲對華通商之一助。

至於英人，既無傳教之機會，又無異品特操足以令人起敬，俾商業得有保障，斯其所以遜人也。然英國君主固不斷獎勵人民向異域發展商業者也。十六世紀末葉，英國女主依利薩伯（Elizabeth）嗣位，欲與中國通商，乃於一千五百九十六年（萬曆二十四年）遣三艘船，具書幣入明要求通商。其書，女王所手書者也。書本爲拉丁文云：

『敝國對於此般忠實民衆之合理的請求，不得不爲認可。因敝國實見二國通商，有利無害，以其所有，易其所無，各得其所，何樂不爲？互相扶植，利歸吾民。想陛下必有同心也！今求陛下，凡我國人來貴國貿易者，務請賜以出入自由之權，俾得與貴國人交易，在陛下仁慈治下，使其得享受自由特典及權利，與其他國人在貴國貿易所享受者，一無差等；則吾人在他方面不獨對於陛下盡具事上國之道，且願對於貴國人民之入境貿易者，到處予以自由，加以保護。（如陛下以爲善者）謀二國之親善，俾商業之興隆，所以報也。惟陛下實昭鑒之。』

此函乃一千五百九十六年七月十六日女王親授於其藎臣都德里爵士（Sir Robert Dudley）及阿倫（Richard Allan）布倫菲（Thomas Bromfield）等而呈於中國皇帝者，可稱爲中英通商關係之曙光。但其書卒不得達，船亦不返。萬曆年間（一五七三——一六二○），亦不聞有接受英國禮物之消息，是必中途遇颶而沒耳。其後不聞有正式向華貿易之事，當時中國幾若蓬萊仙島，可望而不可卽矣。但英人目光深遠，雄心未死，遂有東印度公司之組織，爲異日通商中國之導火線焉。至英王查利第一（Charles I）在位，又欲修書致於中國皇帝，迄無人應之。其最爲英國梗者，則荷蘭人。蓋彼等常掛英國之旗幟以行劫，突如其來，眞假莫辨，而當時中國人對於西人，亦未嘗有清晰之觀念。荷蘭人深目長鼻，毛髮皆赤，故人呼之爲紅毛番，或簡稱紅夷。英人後起，亦被此惡名，蓋英人髮色亦近赤，疑與荷蘭人同種，遂以紅毛或夷稱之。荷人欲擅專利，故遮閡英人，使不得自達，遂有一千六百一十九年英荷二公司聯盟之發生，蓋經二國政府方面幾許磋商然後得成立者。既成立一公共防衛會，乃佔菲律濱，凡華船必須與此聯盟交易。但荷人既得聯盟艦隊之助，據有澎湖島之後，所有商業，撥之歸己，而不顧在巴塔維亞(Batavia)之英國公司經理之抗議。經此次失敗之後，英人猶不灰心，則別思他途，通商中國；而機緣又至。時葡萄牙人之居澳門，已百有餘年，其勢力漸衰，且常爲荷人所壓迫。一千六百三十五年，臥亞(Goa)總督遨東印度公司派船來澳門載貨，蓋葡萄牙國旗下之安全，遠不及英國者，其意實顯而易見。英公司覩此時機，知不可失，立派四艦（艦名Dragon, Sunne, Catherine, Planter）由威德爾(Weldell)主之，蒙忒內(Mountoney)爲副，於一千六百三十六年四月十四日離當斯(Dowrns)出發，同行者尙有要員二人——羅濱孫(Thomas Robinson)則素嫻葡語，而蒙德(Peter Mundy)，則歷史家而兼日記家，執筆以紀此行者也——皆在此役。彼等既至臥亞，則已換一新總督，白眼相加，不得要領，逗留數月，乃往澳門。澳門之葡人，初本不欲其染指，乃佯對英人，謂願供其行李往來之用，但最爲其貿易障礙者，則華人之不允協耳，且自認無能爲力。於是英人乃決窺廣州之河道，以一駁艇載五十人而往，二日之後，至廣州河口。時廣州河道，禁外人之窺探，葡人之來交易者，以少艇潛入耳。駁艇乃不前，求譯人以通辭，終不得當，逗留數日。適有一艇迎面而來，與之講辦食品後，則懇其代達來意於本地官長，舟人諾之。翌日，駁艇復前，廢壘荒台，一瞥而過，忽有數舟由廣州方面駛來，則水師將領巡河而至，既遇英人，則命之停泊，從之下艇查問，而藉葡人爲之傳話。羅濱孫自稱來自歐洲，效順通好，爲二國國民謀利益，要求特許自由貿易，如額納稅，如澳門人一般云云。華人聞之，不以爲忤，命一小艇載咸德爾蒙忒內及羅濱孫及其他欲從者到廣州，而不準此駁艇前進。是夜，彼等三人離駁艇而下一三十噸之小舟，直指廣州，欲上狀於總督，求其照准在此地通商也。翌日，已將達廣州，相距不過約三英里。華人方面不知何故，謠傳其來意不善，諭英人不必前進，但修理其船隻，倘其在澳門貿易，則可爲之請於大府助領貿易執照云。英人依言。而葡人方面，忽起異心，乃發出白帖予以否認。同日，英人召集大會，決議全艦隊直駛入廣州河，數日達虎門礮臺，乃遇水師官員，遂藉譯人以表白來意：謂彼等此來，乃欲求和平及友誼，自由通商，一如葡人。華官諾之，允以六日後答覆。英人喜，樹白旗以待，不意又爲葡人之在粵者所讒，令發兵開砲逐之。英人憤甚，乃拔白旗，揚帆乘潮，逕逼礮臺。華民拒戰不克，守臺之卒盡潰，乃奪而踞之，焚官署，截得商艇二小艇一。大府慮啓邊釁，復遣人慰諭之，英人自言此來非尋釁，但求通商與他國等，又因來者以禮物獻。由蒙忒內及羅濱孫乘官船來廣州，見大府，遞表文，從華俗行跪禮，大府許之，遂退出礮臺，鬻貨而歸，踰年遂不至。當時華人對外之態度，有如此者，豈明末政治混亂，故措置失宜耶？可知英人初來中國，事誠匪易，既受異國人之讒間，又受中國之漠視，在有明一代直可謂徒有英國之名可也。

英人初在廣州貿易時，華人之觀念猶未十分清楚，但稱之爲「紅毛鬼」或統名之曰「番鬼」而已。湯若士南海詩云：「時時番鬼笑，色色海人眠。」則竟有形諸筆墨者，可見文人學士亦未能免俗也。

五十年後，英人又試在澳門建立商業，亦歸無效。然葡人之勢力漸衰，澳門繁盛亦一落千丈，殊不足有爲矣。英人乃轉向廈門。當一千六百七十五年（康熙十四年），廈門猶在臺灣府主（鄭成功）之手，特准外國商人貿易。然鄭氏因財政窘乏之故，需財特多，則惟有厚征商品以維持之。及入清廷之手，殊未有法改善，商船每來，百端需索，外人得利頗微。康熙十六年，英人欲在廈門建設商館，以不得清廷之許可而止。然至康熙二十三年，終於廣州地方遂其建設商館之志，然其所費不貲矣。

英國航業在廣州日見增加，又新克印度及菲律濱羣島，清廷遂頗注意之，乃向敎會中人詢其行徑，而異國之人，不免挾有國家觀念，對英人時有蜚語。且英人之來者多爲經商，而市儈中人，又爲當道所輕視者也。又英國水手，類多粗獷之夫，未受敎育，行動粗率，易惹人憎。彼等雖入國問俗，步步爲營，而吾人斯文自矜，時時相誚。爲此之故，英人實屬左右爲難。言語不通，習慣相左，每有交涉，輒恃舌人，往返之間，因以爲利，而英人權利亦剝削至薄矣。又華人官吏，禁人翻譯華文，懼國情之外洩，華洋關係，渺若山河，我國歷代民風，實具排外之偏見，爲不可諱也。且華官對於洋商之限制，有令人不堪者。洋商向係五六月來泊，九十月歸國，間有因事過冬，止在澳門居住，故一到離埠之季，則西人不得不盡將其未完之事務及其商業，一切擱起，俟明年復來。其爲不便，可想而知。此事不獨洋商受損，且華人亦未見其利也。但其時我國尚足自給，日用之物，不假外求，有之，則爲奢靡之消耗品，而士大夫所謂爲玩物喪志者也。故乾隆敕諭英吉利國王有云：『天朝物產豐盈，無所不有，原不藉外夷貨物，以通有無。』言雖誇侈，亦屬實情也。吾等無賴於外商，而洋人實有求於我國，故一般人對於外國貿易之進展，除少數賤丈夫外，皆淡然視之，而英人乃陷於苦境。英人之在廣州者，多以爲此種待遇，乃發自當地官府，藉圖敲索，故使難堪，私意以爲遠在北京之皇帝不知情，乃有東印度公司經理數人，提議促本國政府派大使往中國見帝訴苦，冀其下詔取消種種難題也。且中英二國，迢遞千里，情感難通，已非一日。倘直接派使來京，一則可闢異國之讒言，二則可作僑民之保護，爲計之得，人所贊同。

乃有一物，令英人依依不舍者，厥爲茶，茶在當時已爲英國上流社會之日用必需品。時有所謂『擲三銀塊飲茶一盅』之諺，其在英國，價值之昂貴可想。一千六百六十四年，東印度公司贈英皇紅茶二磅，每磅獲獎五十先令。自此事發現後，英人爭先恐後以飲茶爲一榮幸事，報紙傳爲奇聞，流至法國，未幾而歐洲大陸亦有茶市。至一六六八年，東印度公司遂在英政府註册，特准其運茶入英，由是茶務日益發達。十年之後，（一六七八年）茶進口英國之數達四千七百十三磅云。英人嗜利，不忍坐視，華洋之間，偶有衝突，則華官往往以停止貿易相嚇，英人不欲失去此物，忍辱讓步，往往而有。蓋英國內之需求方殷，而一時又無物替代，雖在印度試行種植，而收穫不良，在科西嘉(Corsica)島試種者，成績雖優，而費用太貴，故暫時不得不死心塌地向中國求濟也。同時又須顧及來源之斷絕，則惟有與北京朝廷聯絡，消除隔膜，俾英國對華貿易稍有利益，爭一立足點，使不致爲他國之人所排擠，英人之意，不外如是耳。

一七二四年（乾隆二十四年），總督李侍堯奏防範夷商規條共五事：（一）禁夷商在省過冬；（二）夷人到粵，合寓居洋行管束；（三）禁借外夷資本並雇倩漢人役使；（四）禁外夷僱人傳信息；（五）夷船碇泊黃浦，撥營員彈壓。皆報可。此數事實行而洋商苦矣。華洋糾紛，猶未已也。乾隆四十九年，有一英國私船之在黃浦者，因放禮砲不愼，誤傷二華人，地方官遂停止英人之貿易，執其儀貨，至彼方交出砲手，處以死刑。同時華洋之間，常發生錢債糾紛，地方官又往往左袒華人，從中漁利，且不如是，人將譏其爲漢奸也。於是英商致書廣東大吏，乞改五弊：

一、英船至廣東碇泊後，即請解貨。

二、奸民竊英商貨物，請問罪。

三、請禁華人目英人爲夷狄禽獸。

四、課稅減輕。

五、官吏請勿故與外人疏隔。

書上而大吏不報。當時一省之總督，八面威風，諸侯不啻，彼腐敗官僚，不與奸民狼狽爲奸足矣，尙望其加惠遠人乎？故彼等於此種要求，亦惟有不准而已。雖皇帝有懷柔之心，而大吏無奉公之實。高宗諭刑部讞英商嚙獄一事，實可謂得其平也。乾隆四十一年十一月二十四日上諭：「刑部奏駁李質穎咨稱革監倪宏文賒欠英吉利國夷商嚙等貨銀萬餘兩無還。問議杖責未協，議將倪宏文改擬杖流監追一案，已依議行，並明降諭旨，將李侍堯申飭，李質穎交刑部察議。令將倪宏文查產變抵，仍勒限一年監追，再照部議發遣。如該犯限滿不完，即令該省督撫司道及承辦此案之府州縣官，於養廉內照數攤出。幷傳朕旨，賞給該夷商收領歸國，以示體恤焉。此等夷商估舶，冒越重洋，本因覓利而至，自應與之公平交易，使其捆載而歸，方得中華大體。若遇內地奸民，設局賒騙，致令貨本兩虧，尤當如法訊究。乃李質穎僅將該犯擬以薄懲，而欠項則聽其自行清結，所謂有斷無追；竟令外洋孤客，負屈無伸，豈封疆大臣懲惡綏遐之道。幸而刑部奏駁，朕始得知其詳，爲之更正。若部臣亦依樣葫蘆照覆，其錯謬尚可問乎？中國撫馭遠人，全在秉公持正，令其威而生畏，方合正經。若平時視之如草芥，任聽地棍欺陵，而有事鳴官，又復袒護人民，不爲清理。彼既不能赴京控訴，徒令蓄怨於心，歸而傳語島夷，豈不輕視督撫，鄙而笑之。且或慮粵商奸惡，至呼籲仍復成空，將來皆裹足不前，洋船稀至，又復成何事體！且朕此番處置，非衹爲此事，蓋有深慮。漢唐宋明之末季，多昧於柔遠之經，當其弱而不振，則忽而辱侮之，乃其強而有事，則又畏懼而調停之。姑息因循，卒致釀成大釁而不可救。宋之敗，明之亡，皆坐此病，更不可不引爲殷鑒也。方今國家全盛，諸屬國震懾威稜，自不敢稍生異志，然思患預防，不可不早杜其漸。英吉利夷商一事，該督撫以爲錢債細故，輕心掉之，而不知其關係甚大，所謂涓涓不息，將成江河者也。……』觀此，可知徇奸民以抑外人之事，在廣州殊不少見，其長官守舊而富有排外性者，則更優爲之，如上諭所申飭之李侍堯其人者，洋人遇之，晦氣不少。幸遇高宗英明，力主其獄，誠英商嚼之幸也。但此事牽連頗大，遂至上聞，其他小數之錢債，一時之吃虧，帝又安能盡知。故縱奸民以欺洋人之事，實爲我國閉關自守時之慣技。封疆大吏，軒輊從心，又焉知有所謂國際法者，吾忖高宗此舉，亦故示一己之仁厚，彰上國之威風，非眞能以與國待英者也。事過情遷，華官之偏聽如故也，奸民之欺詐如故也。雖西士無相猜之意，而華人有非類之嫌。大吏則自居清流，惟知受賂，而西人則寄居異地，誠難與爭。故用擒賊先擒王之手段，不得不派使臣來京以通好，且爲商人地也。然遣使入京，原非易事，人選問題，爲第一步。爲使臣者須官階甚高，奉有皇命，朝野信仰，出身華胄，且嘗建立勳業者。英國國務卿丹達斯 (Mr. Henry Dundas) 初擬以參將卡司卡特 (Lt.-Col. Cathcart) 往，但彼不幸於一千七百八十八年染病而死，遂致停頓，一時未獲繼人。蓋其人非獨小心謹愼，應變多才，且尤須熟於東方風土，而足跡曾到異國王庭者；故一時甚難其人。

三 出使之預備

使臣之選擇，屬望殊殷，丹達斯始欲命孟加拉(Bengal)總督康華理爵士 (Lord Cornwallip) 提拔人才，持此使節。但指令未發，此事擱置有二三年之久，直至一七九一、二年之間，丹達斯繼任，而馬卡特尼遂漸露頭角。

馬卡特尼 (George Macartney) 者，乃一卓越之政治家，而且有莫大之外交幹才者。以一千七百三十七年五月十四日生於安德靈 (Antrim) 村之黎撒留 (Lissaunoure) 邑，為世家子也。彼年二十七（一七六四年）即膺勳爵士之位，且受任為使俄莫斯科之非常大使，任職二年之後，則辭職歸英倫。一七六八年，愛爾蘭國會選舉，彼復舉為愛爾蘭之首卿。一七七四年，被選為出席英國議會之蘇格蘭代表；二月後，受任為格林蘭達 (Grenada) 總督，始享馬卡特尼勳爵、黎撒留男爵之頭銜。又在一七八〇年十二日受任為馬德拉斯 (Madras) 之聖佐治堡 (Eort St. George) 諸議會會長及總督，以一七八一年六月二十日繼任。一七八五年，彼離馬德拉斯，轉就孟加拉總督之聘。彼之管治聖佐治堡，品秩第一，年俸一千五百鎊，政府中人在國會內大獎之，然未即許其受英之貴族爵位。既被委為來華大使，即於一七九二年五月三日宣誓於樞密院，六月二十八日陞為得育子爵，馬卡特尼

(Viscount Macartney of Dercock)亦得愛爾蘭之貴族爵位。

一七九二年正月四日，既從丹達斯之請，乃上函與國務卿，陳述意見，凡出使之正當手續及其所注意之目的，皆有詳細之臚列。彼以爲此次出使，不可無名，使北京朝廷疑其來意，掩其不善而著其善，必不致拂人之性也。時適純廟八旬萬壽，具備賀禮來朝，乘間討論二國之貿易前途，則可振振有詞矣。但中國朝廷，素來自大，苟不盛飾使團，實難免其益加輕視，故欲增重使者之使命，則最好乘御船出發，軍樂儀仗，踵事增華。其所注意之目的，列條如左：

（一）英人在廣州自由貿易，官府不得橫加限制及無理勒索之，使無不平之事。

（二）貨物得以較廉之價由中國出口，且准在渴市商品附近之港口貿易。

（三）免除出入口之稅，或減至最低程度。

（四）英商必須有一立足地點，最少如葡人一般，且得在中國或隣島設立貨倉，令商人或公司代理人，其船隻水手及商品，可常留此渡歲，其權利一如葡人之在澳門。

（五）求皇帝下一道諭旨，於英人常到之埠，總督或知府，誠以後公司代理不能負責個人之行爲，一人犯事在逃者，不必以一無辜之人代受刑罰，公司代理人必不幫兇，且盡力協助以求破案。

（六）增加英國對華之入口，不止聽其在各口岸貿易，且勸人用英貨，以示優待。

書上，而衆皆允悅，然亦略有補充，最後斟酌至善，而馬卡特尼亦無異詞。

乃於五月履行非常及全權大使之職，年俸一萬鎊，另加五千鎊，以獎勵其勤勞服務云。凡使團所有各費——如薪金，衣食，禮物及雜費——皆東印度公司支給者也。馬卡特尼又聘定其聖佐治堡之舊祕書名斯坦登爵士（Sir George Leonard Staunton）爲其隨行祕書，倘馬卡特尼偶有不測或不在之時，則彼可代行職務，預先聲明者也。大使之權力高出一切，由皇家海軍擇艦長，且任用官員，一依己意，政府及公司之對待大使，可謂盡矣。委託於大使之禮物，值一萬三千一百六十四鎊，尚有二千四百八十六鎊之禮物，乃卡司卡特使團轉來者，猶未計及也。而此種禮物，亦一由大使選擇，東印度公司可謂竭力贊助矣。海軍部特派御舟雄獅號（U. M. S. Lion）以載大使。此艦有砲六十四枝，艦長爲高厄爵士(Sir Frasmus Gower)；其餘隨員及禮物，另由公司遣一舟印度斯坦號載之。尚有一伙食船名積高爾(Jackall)者從行云。

先是監察會中人懼廣州總督設法隱匿使臣來華之消息，祕不上聞也，則決意作速公佈，聞於遐邇。乃由公司職員中選出三個委員，擕主席巴甯爵士Sir Francis Baring之函，先來疏通一切。

馬卡特尼接受一七九二年九月八日丹達斯之手諭（參看附錄）大意，令其注意在華貿易之英國商人及其貿易之量數，且指出華茶之輸入英倫，自通告互惠條約，數年之間，三倍其量，欲塞此漏卮，惟有增加英國貨之製造及印度出產品而已。以前英人在廣州貿易之情形，令人氣沮。廣州既有限制，且良好之競爭市場，又往往爲華人商會所破壞；而商人尤不易與官衙接近。倘朝廷既不以排外爲心，初不預聞此事，則必各省之腐敗官僚，朦閉聖聽，行其奸詐也。今馬卡特尼爵士身爲大使，位高望重，曾一度作印度英屬地之總督，久著勳勞，令聞不絕，今膺使命，可爲付託得人矣。可着彼由海道至天津，或東北海岸之其他口岸，如須在南方口岸登陸者，除非得在廣州之東印度公司委員之勸告不可也。

既得登陸之允許，則一依英國御使之性質及手續而行，然後大排儀仗向中國朝廷而去。彼則於到後，先求覲見，行其朝廷之禮，惟不可犯至尊之光榮及己身之尊嚴，而使汝之磋商正務之功，發生危險。凡此種種，既告成功，則代英王致候於皇。須知皇帝之好奇心甚盛，汝之談及歐洲及其他諸國之環境及現勢，彼必好與汝親近，汝則乘勢謀利益可矣。至於運用之妙，存乎一心，所不待言也。惟注意於三要事足矣：

（一）大商業應二國有利，而彼此於出口商品並謀利益。

（二）英國商業發展既廣，必需一穩全之地以儲不售或暫時不能運回本國之貨如貨倉之類，故吾人欲得一地或附近之島嶼以充此用。

（三）確說吾人之目的，純屬商業性質，並無利人土地之心。

大使可訴述以前之痛苦，以防將來之繼續發生，惟不可要求賠償，或以之爲談判之題目。倘得儲藏之地，則以大英王之名取之，汝將以最優利之條件接受之，汝將具有整理警政及立法之權。中國人之事則歸中國法令所管轄，而英人有罪在逃，中國法律所不及者，英人官長亦不負責交犯也。所請求之儲藏地，當擇近於英出產絲茶地之區，位於北緯二十七及三十度之間。倘各種努力皆無結果，則惟有全力注意解救吾人今日在廣州之種種障礙，即伸張吾人之權利，且修正以前對於吾人不便之辦理。

在此諭示之中，顯然見得倫敦之當局已完全相信鴉片乃正式禁止於中國（或禁其入口，亦未可知。）

『鴉片貿易，爲中國法律所禁，倘其要汝訂約，汝必須提防之也。倘討論至此問題，汝必深爲考慮以應付之也。印度出產之鴉片每年行銷於華者爲數不少，殆無疑議；但倘成爲一絕對之請求，或在商約中此品無一得入中國，汝必退讓，切不可輕掉其主要利益，而斤斤計較於此方面之自由也。惟其如此，吾人在孟加拉之鴉片售賣市場必乘勢大啓，或在東海一帶尋消費之地點耳。』

關於訂約之事，大使亦有權逕行。設使團有始有終，卒抵於成之時，可提議皇帝迎英國永久或暫時的首相來華，而彼方面亦可派員來倫敦，以便磋商正務，凡銜有神聖性質而來之人，將受正式之尊敬。

同日丹達斯繳勳爵馬加特尼之附諭，則命其不可提及自一七八一年華商所欠下之英人之債，致撓使團之盛功云。

大使攜有英王上清帝之函（附錄三）辭旨謙遜，然極有大體。通函賀壽，乃係使團之假面具，不知華人竟居之不疑，直以貢使待之也。

使團之目的，非獨限於廣州商務之事，前已摘言。馬卡特尼勳爵之獨權，非獨行聘中國，且欲拜候日本王，及印度支那王及沿途經過中國海隣近之國王云。

此次使團，頗爲偉大，團員之眾，幾及百人，玆立一表於後，以求將來敘述之簡便焉。

馬卡特尼扈從名單

斯坦登從男爵(George Staunton,Bart.)，大使之祕書。

陸軍中校本孫(Benson)，大使衞軍指揮官。

副官帕利士(H. W. Parish)。

副官克魯(J. Crewe)。

馬克斯維耳先生(Mr, Acheson Marxwell)，大使之副祕書。

溫德先生(Mr. Edward Winder)，大使之副祕書。

靈先生(Mr. Baring)，大使之外航佐理祕書。

蘭博士(Dr. Gillan)，哲學家大使之內科醫生。

葛德博士(Dr. Scott)，大使之內外科醫生。

羅先生(Mr. Barrow)，雜物管理者。

慰狄博士(Dr. Dinwidie)，機械學家，及天算禮物之指揮者。

坦登爵士之子克琪先生(Mr. Thomas Kickey)，畫家。

力山大先生(Mr. Alexander)，繪圖設計家。

拿先生(Mr. Huntner)，斯坦吞爵士之子的教師。

林先生(Mr. Plumb)，翻譯者？

東印度公司所遣來華傳播馬卡特尼使團降臨之消息的委員姓名——

克孫先生(Mr. Jackson)

文先生(Mr. Irwine)

布拉文先生（Mr. Brown）
管事一名，次管事一名
傳者二名
廚子一名
信差一名
足夫一名
製麵包師一名
音樂隊一共六名
木匠一名
馬鞍匠一名
園匠一名
衣匠一名
製鐘匠一名

算術儀器製造家一名

斯坦登爵士有二僕一園匠

衛兵人數

皇家砲兵二十名

輕騎隊十名

步兵二十名

大使坐艦官員一覽表

高尼勳爵(Sir Eramus Gower),司令官

坎柏爾先生(Mr. Campbell),一等副官

惠特曼先生(Mr. Whitman),二等副官

阿特琴先生(Mr. Atkins),三等副官

克斯先生（Mr. Cox）四等副官

嚮尼先生（Mr. Ommaney），執行副官

克孫先生（Mr. Jackson），雄獅號船主

得茲先生（Mr. Saunds），副船主

拍先生（Mr. Tippett），同上

美先生（Mr. Simes），同上

先生（Mr. Lowe），同上

坡先生（Mr. Roper），同上

倫先生（Mr. Warren），同上

先生（Mr. kent），同上

普曼先生（Mr. Chapman）

軍士官候補生共二十名

托熹爾先生(Mr. Tothill)，會計官
衞斯達先生(Mr. West)，船主書記
那鐵先生(Mr Nutt)，內科醫生
安得孫先生(Mr. Anderson)，副船長
科伯先生(Mr. Cooper)，二等船長
托馬斯先生(Mr. Thomas)，三等船長.
霍符理先生(Mr. Hunphries)，敎師

* * * * * *

最後部署已定，各船皆在朴次茅港(Portsmouth)候發，而出發人員凡九十五人，皆一時之選，並有專司，略如上述，胥於一七九二年九月，一時齊集，聽候上船。彼等一致皆抱探險之壯心，欲繼馬哥孛羅之芳躅，青天碧海，巨浪長風，亦男兒得志事也！沿途紀實，請閱下文。

五　海程紀事

一七九二年九月二十六日，雄獅號及印度斯坦號既載大使及其扈從，則由朴次茅港出發，而專載糧食及用具之槓高爾（Jackall）給養船，亦隨行出發。該年之季，地球與日在相對地位，遂致全球日夜平均，而日之赤緯變動甚速，因而大有影響於天氣，騷動既劇而頻，航海學稱之爲晝夜平均之颶（equinoctial Gales）。其時航海，滋爲危險。但其時航海技術，頗爲精進，舟人於千鈞一髮之間，狂風巨浪之際，往往能化險爲夷也。

自朴次茅港出發來華，必先由英倫海峽，一遇順風，航程甚利，大使因有人歡宴之故，至衞茅港小歇，其地皇親國戚叢居於此。詎料天氣不恆，至夜而給養船忽落後，不得不在托灣（Tarbay）託庇，小住二日，逆風而行。雖天氣惡劣，而船上之人，小有暈船者，因船上設有各種遊戲運動以舒發其意志，且其中固不少飽經風浪之輩流，飽吸海風，精神愈振也。

十月一日，船已完全出英倫，向得文縣（Devonshire）之山岸而行，不久而不列顛利（Britany）及阿善特島（Ushant）在望，既行九日，不見陸矣。航海家處此，惟有仗其羅盤而巳。穹海無邊，鳥飛不至，然與他船相遇，則不禁動愉快之情，人類愛羣，隨處可見。至十月十日，而坡托散託（Parto Santo）及馬特拉（Maderia）羣島在望。馬特拉島形如大山，其巔入雲。既近，始見三小島，皆呼爲對色他斯（Desertas）。其二者遙遙在望，狀如岩石。其三則名爲檯形對色他斯，既高而平，似有開墾之勢。傍有一怪石，突兀伸於海。

馬特拉之島，驟見之則沙石一片，蕪穢不除，然薄而觀之，則衆美皆具，天然如畫，由海口立船望之，則芬查爾（Funchal）突兀於眼前矣。其鎮位於青翠谿中，教堂及建築物皆以白堊爲外飾，與青樹相映，蔚爲大觀，其地常年可謂祇有春夏，無大熱，亦無大冷也。使團駐節之時，正午而華氏表由六十九度至七十二度而已，在秋季甚少見有七十五度者。使船以十月離英，植物萎悴，令人無歡，而一到馬特拉，野艸異花，則欣欣向榮，倍覺悅目，恍如別有天地。其地居民面部甚黑，身材較普通歐洲人爲小，其精神魄力，帶有非洲人或其他歐洲冷地之民之色采。

葡萄牙總督早有命對於大使極備敬禮，水陸兩道，妥爲保護，盡東道之責。大使辭退衛隊，惟允赴宴，同席者，有全體使員，使船之官員，英公司之商人，及當地駐防及政府之首要及島中之大紳，幾二百人，山珍海錯，豐腴異常，杯觥相交，極一時之樂；但席中無一婦女，祇有一年才十歲之小女，乃總督之女公子耳，蓋其時風氣猶未盡開也。英國領事及某英國商輪流餞別。使團中人，酬應之餘，恣意遊覽，興盡而返，登舟之後，則盛具酒食，歡讌來賓，正午，而大使已帶總督及總領事及其他大紳登舟歡敍，酒酣之下，互相祝福，禮成而退，來賓返岸，黃昏期間，帆船已上錨而去該島矣。時十月十八日云。

行有二日，下午五時，則見騰涅納夫（Teneriffe）之小岬，半夜則見該島之東端，早晨則居然到步矣。

船遂泊於聖大克盧茲（Santa Cruz）灣，此灣亦在騰涅納夫島內，騰涅納夫本為喀那利衆島之一，而隸屬於西班牙王者也。緯度在北二十至二十九度之間，經度及西十七及十八度之間，長約五十里，廣約二十五里，周圍一百五十里，雖壤地褊小，而頗稱富饒。此島之首要地名拉根拿（Laguna）城，總督居之。今姑將聖大克盧茲鎮之形狀犕述於下，亦可為洽聞者之一助也。

此鎮位於島之東北，頗利航業，船舶來者，離岸半里，可以下錨。其地高峻，高峯插雲，亦一名地也。鎮長一里四分之三，廣約半里，屋宇多以石建，其款式實無異馬特拉者。教堂三四，其二有塔高聳入雲。有一大道，其直如矢，但其他未能稱是耳。鎮之東西隅，各有一礮壘，控制港灣，鎮中之軍隊甚少，且服裝皆簡陋，義勇軍則甚多，平日漫散，有事乃得召集。鎮本不大，然煙火稠密。居民大都西班牙人，民風強悍，主見太深，稱難治焉。聖大克盧茲灣又另一礮臺，頗爲堅固，居高臨下，司一灣之命焉。

使船中人於是有旅行之舉。高級官員十餘人，以二十四日上午八句鐘出發，騎驢上山，將及八里，而空氣驟冷，稍停之後，皆御重衲，繼續前行，卒達峯脚，爲雪所蓋，深有六尺，時險象驟見矣。斯坦登爵士忽墮於驢下，而基蘭博士亦與騎同傾。於是決議在山中寄宿一宵，不復前行矣。

翌晨六小時，又繼續前行，其時寒暑表降至冰點以下，勉強進行，必有大險，早知此行必無結果矣。下午約三小時，各人分道上山者，已分別歸來，集於一處，與盡而回，途中又歇一夜，翌日返聖大克盧茲。此行也，凡經二日二夜，雖人驢疲倦，然好奇之心，賴此滿足。

騰涅納夫峯之高，世所罕見，一百里外，卽可望見。山勢由島之中心而起，而分架於聖大克盧茲及奧利大維亞，則又另一首鎮也。其下部則向聖大克盧茲，樹木甚多，而雪常遮蓋，且其頂常有火山之焰。故欲登峯者，最好由奧利大維亞，升降既便，而危險性較少。山之某部，乃爲熱沙地，其他部份皆雪，所至之處，硫磺之味甚烈，山頂最高之處，可一畝地，其氣候甚奇。山下爲豐饒之區，中部爲雪，其上部則多烟焰，洵可怪也。

旅行之後，盤桓二日，至二十七日，揚帆離聖大克盧茲矣。

十一月二日，至聖査古(St. Gago)島入百星亞(Praya)灣，下錨，派員向當路總督接洽後，參觀各處建設，咨詢其地之風土人情，逗留數日之後，乃離此埠。

十一月三十日正午，下錨於里奧珍內頓(Rio Janeiro)，離鎮約一里，高厄爵士遣其大佐攸柏爾向守土者接洽，又履行種種儀文及手續，一切順利云。

當地總督，迭次派出員往使船致候，並請上岸，謂已經預備公館以爲招待等語。大使乃遣祕書及高厄爵士先上岸見總督白其來意，歸舟後，復同大使上岸焉。既上岸，岸上鳴炮歡迎，總督特派一將軍候之，迎入公館，但公館雖大，仍不能盡載使團中人也。又稍嫌不潔，誠爲憾事。

十二月九日，大使乃親謁總督，謝其美意。總督爲葡人，頗有威儀，但其所居，殊爲簡陋，性亦儉嗇，故始終未有歡讌使團之舉。翌日，總督又來回拜。

此地嘗爲巴西之京都，富於金鑽之鑛，亦世界富饒之地也。其民色厲而內荏，性又貪婪，商場貨物，多爲歐產，以英國之棉貨爲多。公衆娛樂，有戲劇、跳舞之類。婦女日間甚少外出，探友則在夜間；又常坐於樓廂或隱於格子之後，以花擲路人，是無異於風流式之挑戰，其花之無莖者，尤具無限之深意焉。狡童怨女，相與目成，則投柬招邀，亦爲常事。異鄉遊子，遭此佳遇，自誇多福。然玫瑰之花，刺人於暗，其中豈無危險之事耶，守身如玉，事乃大佳。

大使等居岸上九日，復歸船上，自起至始，留此地者凡十八日矣。

船又前行，順風吹送向太平洋及印度洋之南部之路綫，至元旦（一七九二年十二月三十一日）而昆雅（Tristond Acunha）羣島在望矣。此乃一蕪穢不治之島，有山極高，野鳥翔集，又盛產鯨魚、海獅之類，船員恣其獵取。斯坦登諸君復組織考察團，上岸研究動植各物，與致勃然。但程航爲重，不得逗留，且空山寡儔，殊不足久玩也。於是繼續向東西而行，卒達聖保羅（St. Paul）及阿姆斯達丹（Amsterdam）島。聖保羅與阿姆斯達丹，本爲姊妹島，緯度相同，其一在其地北十七里，荷蘭航海家謂居北者爲阿姆斯達丹島，居南者爲聖保羅島，而英國航海家則反之，兩爭不決，各從其是而已。然皆爲荒島，人煙甚稀，徒有火山沸泉供其點綴，海產物甚多，其他無足述者。遂以一七九三年二月二日離此島焉。

使船於是沿巽他海峽而行，將入北島，則見數日前脫隊之印度斯坦號船下錨於此，同日，有一艘荷蘭船泊，使船求售生果、肉食之類，既滿載糧食之後，則向巴塔維亞（Batavia）而進。及抵步，（時三月四日下午）高厄爵士遣其副將御小舟登陸報告總督以來意，禮也。船上鳴炮僅一響，而荷蘭海軍隊長晏地氏（Mr. Andriesse）聞報，即登雄獅號使船，盡其東道主之義，翌晨，彼又與數官員來見，並啣有總督阿爾丁（Alting）之命，致候大使，並請其往巴塔維亞小住，且謂登陸，則各事已有預備，當盡地主之責云。

三月七日，大使乃由雄獅號駕舟赴陸，應總督之請，使團及船上之高級官員皆從。既至堡，則下車步行而入，時樂聲齊奏，號炮爭鳴，表示歡迎，總督迎於門前，攜手入議事廳，以次就座，寒暄互作，而餐已開，席上觥籌交錯，賓主盡歡，不久而完席矣。大使告退，總督送之如儀。大使遂與其東道主維加滿先生（Mr. Wiegerman）同車歸寓云。

巴塔維亞城位於爪哇，乃荷蘭落籍之人及東印度殖民之京都也。在東緯線一百零四度，南緯線六度，屬於熱帶地，故氣候常熱。

城作四方形，圍以堅牆，約三十尺之高，城有四門，每角有一礮壘、兵房。出入有吊橋，日則放下，一至夜候九時，則非有總督之命不開也。

城中之街道甚廣，其直如矢，每一條大道之中央，必有一運河，約六十尺闊；同是一街，而兩傍則界若鴻溝，惟有橋相通耳。城中住宅，大都有三層樓，每層樓亦甚高，因氣候炎熱之故，外內皆稱，款式如一，屋之下層築以石，以大理石蓋之，其上部用細紅磚；窗甚巨，以大理石飾之，即木架亦殊修飾。居民頗以美居自豪，其屋每星期必以紅麥粉塗一過。每一運河，兩傍皆樹，殊合都市之美。每條街皆有四方之細小建築物，乃利行人避風雨之所也。

其他公衆建築物值得注意者，則總督府也，兵工廠也，教堂也，胥宏麗可觀者也。

其地居民繁盛，歐人往往而有，但以中國爲最多，其人甚沉靜而有毅力者。

使節之稽留此地者已三星期矣。大使因以前在本國海口失踪之糧船積荷爾久猶未獲，思購船以補其缺，適有一法國兩枝桅方帆之小船出售，乃以五千元西班牙銀得之，以克拉棱斯（Clarence）公爵之名名之。詎知不出三日，而舊船積荷爾號居然珠還。
復啓行，隨使船者有印度斯坦號。
積荷爾及克拉棱斯粮船及阿溪生（Achilles）號船，乃在巽他海峽新添者。因無大
行甚緩，一路經蘇門答臘之東部各岸，乃見近大河之口，常有一大塊地，猶帶樹木者，
而來，人呼之爲浮島，其實因洪水猛擊，脫離海岸耳。不經見者，豈不詫爲怪事乎？
五月六日，已完全過盡邦加（Banca）海峽矣。然航行此途，殊爲困手，提心吊膽，每
泊，天氣炎熱，又無雨降，夜多雷聲，不能入寐，船員病者甚多，醫士忙於奔走。
五月十六日早晨，乃見崑崙山矣。至午，下錨於島之東南邊，距村約四里而遙，村位
灘，椰子樹成羣蔽之如傘。
此村有屋宇四十所，其居民乃來自交趾支那。其人甚窮，但竊窺其室，則整潔異常，
秩序，似乎能自治者。船上人上岸觀察，但無一人能通其話，即船上翻譯者楊先生亦
其作何語。幸其中有一婦人，自謂能識華文，楊先生乃藉筆談，向彼求助食料，彼等允
照給，船上人依言直往，則闃其無人，惟遺下一字條，楊先生譯爲拉丁文，則知彼等鄉

驟見大船之來，疑有不利於彼，則各自逃生，留下各物，不敢攜帶以去。船上人見此，亦不之動，第留下一字條，告之以故，慰其不必恐怕，回船而去。

五月十七日，印度斯坦號開始進行，縱橫海上，是日風浪頗大，至夜而雷電大發。二十六日，幸抵土倫灣 (Turon Bay)，在路上見一艘由澳門而來之葡萄牙船，來此作買賣者，其船主見英船之來，大爲驚訝，乃登舟問訊，並致敬意。其後又有數華官訪大使，大使以酒待之，酩酊而去。至暮，交趾支那王之首相，與數華官來船邀大使赴宴，謂王之所使也，大使從之。聞王爲十三四歲之小童耳。

六月一日，一華官來見，以王命送大使以水牛十，豬五十，米一百斛，雞鴨各五十，酒五缸云。

十三日，交趾支那王又遣人送大量之米。大使以情不可却，謝而受之，因其多而不急也，命將來在澳門賣之，利歸東印度公司。

六月十五日，船離交趾支那，雄獅號之外，有印度斯坦號及二糧食船隨焉。

二十日，安抵拉德倫 (Ladrone) 而下錨焉。

大使遂遣斯坦登爵士、馬克斯維爾及船主麥金吐司，上岸探消息。斯時商船無一艘到者，蓋歐洲商人將多在澳門居住也。

二十二日；斯坦登爵士回舟。由澳門帶來之消息，中國朝廷聞英國特派使臣來行聘消息之後，皆有喜色，而皇帝亦以此舉爲己身生光不少，因詔全國各海口，凡有英國國王之船隻抵埠者，當盡隆重地主之禮云云。大使得報大喜，以爲好音若確，則前路盡坦途矣。

二十八日，向歸山島（Qusan or Patchcock Island）駛行，黑夜與印度斯坦及兩二桅小帆船相失。先是東印度公司主事者，曾命柏樂克滔（Proctor），駕一二桅帆船與企圖號（Endeavour）在此處相候，至三十日爲止。但至三十日，亦未見此船之踪跡，中國漁船以千計，亦未嘗覩之云。

七月一日，使船復與印度斯坦號、積荷爾號、克拉稜司號三艘相遇。然自七月十九日以至，天氣清朗者僅有一日。

七月三日，抵珠山下錨。使船中人現將離珠山不過五十里，遣人上岸求引港人，應徵雖有二人，然卒不可用。十九日抵行島。復由岸上得一新引港人，鼓浪前行，數小時即抵登州府。數日來天氣變幻異常，殊悶損人意。入暮，而登州府官登舟拜見，其人居高秩，一見即言彼已奉朝命，歡迎皇使，倘貴使欲自登州府進京，則車輛及一切裝運之事，彼當任之云。談約二小時始別，其人年約三十五歲，狀頗幹練云。

二十一日，登州長官遣送禮物至船，計牛四頭，綿羊山羊各八頭，白米紅米各五石，麥粉二百斤，蔬果各數筐。大使亦以相當之禮物報之。

讀者至此，尚憶東印度公司特派來粵疏通之專員布拉文，厄文及約克孫早已運動成熟矣。試觀東華錄乾隆五十七年冬十月乙酉上諭：『軍機大臣等郭世勳等奏：據洋商蔡世文等稟：有英吉利國夷人晚啷，啞晚，嗜咥等來廣稟稱，該國王因前年大皇帝八旬萬壽，未及叩祝。今遣使臣嗎嘎嘛呢進貢，由海道至天津赴京等語。並譯出原稟進呈，閱其情詞，極爲恭順懇摯，自應准其所請，以遂其航海向化之忱，即在天津進口赴京。但海洋風帆無定，或於浙閩江蘇山東等處，近海口岸停泊，亦未可知。該督撫等，如遇該國貢船到口，即將貢使及貢物等項，派委妥員，沿途護送進京，毋得稍有遲誤。至該國貢船，雖據夷人稟稱，約於明年二三月可到天津，但洋船行走，風信靡常，或遲到數月，難以預定。該督撫等應飭屬隨時稟報，遵照妥辦。再該船到天津時，若大船難以進口，著穆騰額豫備小船，即將貢物撥運起岸，並派員同貢使先行進京。不可因大船難以進口，守候需時，致有躭延也。將此傳諭各督撫，並諭郭世勳盛住知之。』故以後英使進京，各處督撫皆依詔款接，不敢留難也。

二十三日，使船已在北直隸海灣之內，亦屬黃海界內，黃昏時，復與企圖號相遇，二十五日已離大沽口不遠，則派員前往探聽，該員歸來，謂將到岸，水淺不能深入，高厄爵士決止而不進。

二十七日，復派赫拿(Huttner)上岸與華官接洽上岸之事，及定實大使上岸之期，結果則答允一俟好風，則以駁船先載使團中人及行李登岸云。

三十一日，華官送上牛二十頭，羊一百三十頭，豬一百二十頭，雞一百頭，鴨一百頭，粉一百六十袋，米一百六十袋，滿洲麵包十四箱，茶葉十箱，小米一箱，紅米十箱，白米十箱，蠟燭十箱，西瓜一千個，甜瓜三千個，乾製桃子二十二箱，蜜餞果子三十二箱，乾製果子二十二箱，蜜餞蔬菜二十二箱，鹽製蔬菜二十二箱，大號東瓜四十籃，南瓜一千個，新鮮蔬菜四十捆，陶器三簍。此物蓋由二華官，一名周大人一名樊大人者押貨。大使讌之，席間商量登岸之手續及方法。酬唱盡歡，然後登岸而去。

八月二日，有大號駁船數艘，自岸而來，裝運印度斯坦船中各物，有官監督，既滿而去，如是四日，裝駁始畢。五日四時，又來載雄獅號之物。九時，大使離雄獅號，與屬員分坐克拉棱司，積荷爾企圖三船，分別登岸，其餘侍衛則坐於中國駁船，並看守行李禮物，半日而達白河。（大沽口）入口之後，帆影蔽天，下午二時而抵廟島。廟島者，登州之盛鎮，時即舊曆六月廿三日也。其南岸則軍隊林立，保護周至，樊周二位大人，見大使一至，立即拱手笑迎，並謂在岸上已備有盛讌洗塵，大使罷疲過甚，苦於應酬，乃善辭之。乃易坐中國客船，樊周二華員亦接踵而至，候安以外，並問所需，大使謝之，謂無庸也。時天津總督梁肯堂治河保定，聞之，立遣大員迎候，並請其到來一敍，以便照料一切。大使乃與斯坦登爵士及小斯坦登及譯員一人登岸赴會，乘轎以往，馬兵開道，行一里餘，至海神廟。海神廟，即總督之行轅也。既至，總督出迎，導至廣堂，進茶後，復入客室。總督先致寒暄，後問及大使之康健，繼稱皇上聞欽使來覲之消息，殊為愉悅，現皇帝避暑熱河，尚望早日安抵彼地云云。大使以禮答之，且要求總督在京代覓寬大之房屋以藏使團及禮物，又言皇上既在熱河，則自當在此地觀見，惟陸路迢遞，不便運輸，禮物頗多，深防破壞，故欲自攜其輕便者，其重大者則於抵京之後，即行運入皇宮。又以使船海行有數月之久，人亦勞止，迄可少休，船多播遷，亦須修理，求梁大人許各船駛出北直隸海灣，至南方適宜之口岸停泊。又稱中西之習俗不同，請總督加以指導，俾觀見之時，以免隕越，見笑大方。彼既披誠布公，善爲說辭，而梁肯堂亦一一諾之，且報以煦語，且謂使節逗留，自當供其困乏。及大使返，則船中已設有盛讌四桌，山珍海錯，供其朵頤矣。

七日，總督梁肯堂親至河干答拜，惟以不欲屈尊於外人，乃私使屬員樊大人對大使致詞，謂總督年高，難於步履，倘欲過船，勢不能不由木橋而往，但橋勢高峻，岌岌可危，殊非年紀老邁之總督所宜來往，懼有不測，貽累甚深，惟有以大人名片向貴使請安耳。華俗人不能親至者，則以名片代，今大人既不能下船，惟有以名片代，未識貴使能滿意否？大使領之。十時而總督果至，儀仗之盛，大足眩人。一至岸頭，立即停轎。一時隨從者皆紛紛下跪，乃命一屬，持名片過木橋，至英使船口，口稱恭候欽使大臣鈞安。譯員受其片，以華語語之曰：請代候貴總督大人鈞安。屬員行禮而去。屬員回命，總督遂命回轎，乃整隊而去。此事勾當已後，使團遂一意整頓行李，由大號駁船運至小號客船之中，費時二日之久，始得就緒，所用船隻凡三十七艘，每艘各有一桅，桅首懸幟曰「英吉利貢船」以資識別。此外復有華官及兵丁雜役所乘之大小船隻數十艘，以便沿途照應，供給一切。九日各船開行，魚貫而進，波平風順，如矢離弦，十一日乃抵天津，而天津總督梁肯堂已回天津接應。時乾隆帝恐以大員照料，禮節太優，長其矜傲，敕先回視河。第命鹽政徵稅為之照料，而樊周二人副之，故總督再見之後，乃卸其責。使團上岸之後，同入總督行轅，座中大使與總督及徵稅談論入京問題，決議先由水路赴通州，改由陸路至北京，辯論有頃，乃告別回船。總督遣屬官送筵席至，並有絲茶棉布等，以贈船上各人，云是薄禮，蓋梁肯堂已受上諭，不必過為優待，以長其驕矜，故此亦不得已之舉也，入夜而天津地方官紛紛上岸拜謁，蓋欲一觀外國人之情狀也。大使亦一一款接。船上居民，亦有聯羣結隊，立觀不散者，亦好奇之心所致也。逗留有頃，又復揚帆，十二日抵武清，稍停又發。徵稅及樊周二人，日日過大使之船談話，一日復來，欣欣然有喜色而相告，謂前次貴欽差所開之禮物目單，已譯成華文，進呈御覽，皇上甚悅。至於禮物，不能悉數運至熱河，須將重大者放置北京之事，亦已獲批准。皇上又特賜大厦二處，一在城中，一在城外，任欽差自擇也。又侈談他事，彼等又微諷以覲見時須行拜跪之禮，大使乃正言却之。十六日，抵通州城外，已離北京十二里之遙，至此而水路已盡，須舍舟登陸矣。華人雖云伴送使船，而亦實行監視，船上人每欲上岸一觀風物，華官輒阻之，而致詞甚巧，又不能怒也。又於海岸處調兵列隊，甲仗鮮明，名爲保護，實以示威，一時英人皆有芒刺在背之感。各船抵步之時，岸頭已建有貨棧二所，以貯船上各物。棧乃以竹爲之，然頗堅固，且有兵守之。人則皆住一僧寺。俟一二日後，車輛夫役齊後，即可出發往圓明園。徵稅告病，蓋悉大使之硜硜自守，不爲之下，大爲不悅，遂詐病不予招待，而委樊周二人始終其事。二人又復向大使提起覲見之禮節問題，斷斷而言，蓋不容辯，大使辭以不習。二人乃當場以身作則，爲拜跪之狀，要其學之，大使不肯，二人無可如何，悻悻而已。大使見此，欲和緩之，命樂工奏樂，以娛嘉賓，有頃，而二人言笑宴宴矣。

五　覲禮述聞

二十一日晨，大使束裝待發，登車疾馳，未幾即至一村，就食稍憩後，乃復前行，一路皆有馬隊前驅，飛伙散衆。下午三時始抵圓明園，卽入客舍，所謂客舍，皆破壞汚穢不堪，蓋專爲招待外人而設也。二十三日，徵稅帶數歐洲敎士來見，乃今上命司覲見時翻譯之事，大使一一周旋，婉辭謝之。蓋其中有一敎士名彼鐸阿（Bernard Joseph Rodriguez）乃葡籍人，將謀不利於使者也。旣畢，周大人偕遊圓明園。二十四日，斯坦登爵士率巴羅先生（Mr Barrow）丁尉狄博士（Dr Dinwiddil）大白爾得（Tiebault）丕的派亞（Peitpierre）等及工匠多人，赴圓明園裝配各項禮物。此時徵稅又復提起覲禮問題。大使推以到北京後，然後再議。二十六日，還往北京，舍館華麗，居處頗適。二十七日，皇帝又遣法國巴黎聖拉薩勒司敎會會員勞克司神父（Father Raux）來候差遣，此人留華多年，可稱爲中國通也。大使復取華蓋及英國皇帝皇后之像懸諸中堂，別取一紙，開具覲見時之禮節，囑勞克司神父譯之。神父譯此說帖，大費苦心，譯後又命小斯坦登書之。此說帖內容大致謂凡能悅皇帝陛下之事，敝使甘爲之，惟身旣爲西方第一雄主之代表，則必貴知大體，入國之禁，雖屬當知，而國家之尊嚴，尤不可褻。今貴國習俗旣不可違，卽改用中國禮節，亦無不可，但須貴國派一大臣職位與敝使相當者，以敝使將來行於貴國皇帝之前者，先施於吾英皇帝皇后二陛下之肖像之前，則敝使自當如命。華官見此，殊有難色。

三十日，大使已選定輕小便於攜帶之禮物若干種，以便帶往熱河進呈之用，一面下令部屬準備起程，一面通知徵稅，謂已定於九月二日起程，（中歷七月二十七日）惟欲於未發之先，一覽各地之風景。而徵稅則謂照中國成例，凡各國使臣至北京者，必須於覲見皇帝之後，始可參觀一切，故惟俟後來再議，此亦防閑外人窺探內地之一種手段也，但未免小題大做耳。大使亦不能強。

九月二日晨六時，大使自北京出發，與小斯坦登共坐一英國式馬車，而斯坦登爵士則偶染寒疾，不可以風，乃坐肩輿而往。此外屬員侍衞，則騎馬駕車，各隨其便，同行者共七十人，其中四十人爲衞隊，別有二十一人則留北京，或在圓明園中裝置器物，或在館舍中照料，各有專司，不能同往。而裝運行李及禮物之車馬，其數甚多，難於指計，即沿途照料此項行李之苦力，亦約有二百人之多，浩浩蕩蕩，早發夜宿，所過之處，有清河鎮，懷柔鎮，歷長城，經古北口，行行重行行，至八日午，已將達熱河矣。大使則命行李及夫役先行，而己與屬員侍衞等均止，在其地更換禮服，排列儀仗，其序如下：

中國官兵騎馬者百人，

本孫（Benson）步兵中佐

輕裝龍騎兵四人

牧師代理

大鼓橫笛

礮手四名——礮手四名——礮兵伍長一名——少尉一名

步兵四名——步兵四名——步兵四名

步兵什長
下僕八名（分四列，每列二名）
技士二名
樂人四名（分二列，每列二名）
　著有綠色金緣之衣服

大使隨員六名（分三列，每列二名）着大紅色繡金花之服

馬卡特尼伯
斯坦登爵士及其子
　共一馬車

一僕穿號衣在後

排列既竟，大有可觀，卽整隊而前，直達熱河，入館舍，則徵稅已來，交回禮式單，囑大使交上和珅相國，謂必有適宜之答復云。頃之譯員到云，今上已在山莊望見一切，已命和珅相國及王公來接應矣。後和相國以事中止，蓋自高其身份，不直接來訪問，但遣人致意，欲請大使相見，而大使亦遣斯坦登爵士報之。及歸時，始知首相欲閱英王致中國皇帝之書，且致函與大使，勸其從中國之禮節云。

九月九日，首相派三人來，勸大使以順從國禮。大使不應，堅持行對等之禮。翌日，又派三人來，仍斷斷計較禮節之事。大使謂之曰：『大使致敬於外國君主，實不能過重於本國主也，惟有來有往，則不成問題。』彼等問對於英王行禮則何如。大使則告以第屈一膝而吻王之手。彼等同聲喊曰：『君對敝國皇帝行之則何如？』大使應曰：『無論何時，皆可行之。』且曰：『吾以敬敝國君之禮而敬貴陛下，敬之之道，無逾此矣。』遂作行禮之狀示之，彼等現滿意之色而去。少頃，又遣人來說，須免去接吻，行半禮可矣。

九月十一日，大使會和珅，大使先致頌詞，而和珅答以好話。又問及其行程及歐洲近事，大使一一詳細答之。和相聞所未聞，其喜可知。大使告辭，而和相亦執手躬送。

九月十四日，（乾隆五十八年八月庚午）英使覲見於萬樹園幄次。英使穿繡花天鵝絨官服，上罩一爵士袍，綴以鑽石寶星一座，鑽石徽帶一條。斯坦登爵士亦穿繡花天鵝絨衣服，外加一紅綢博士袍。聖駕一至，立出幄以迎之。皇帝坐龍輦，以十六人抬之，駕既至前，大使等跪地爲禮。[一]皇帝下輿入幄之後，升寶座，大使乃呈國書，皇帝接之，遞於相國，重置於一錦墊之上，皇帝遂以一玉如意贈英王，又以一玉如意賜大使。大使亦呈上二錶以志微忱，復引斯坦登入覲，稟稱副使。斯坦登亦屈膝行禮，皇帝亦以一玉，如意賜之。覲見之禮既畢，則退，坐於左旁錦茵之上，大小官員，依次而坐，皇帝賜讌，百官皆得陪。席半，皇帝分賜正副二使以御酒。席間，尚與正使作一二句談話，席中尚有轄濟(Twtze or Pigu)之貢使三人，及中國西南回教部落克爾麥克(Calmucks)所派使臣六人。然皇帝頗不假以辭色，而百官亦對之甚落漠，彼等亦謙卑萬狀，如臨深淵也。宴會既畢，謝恩而歸。

翌日，上又賜大使遊園，命和相等爲導，而上則循例禮佛去矣。然在此日，大使亦得忽忽與皇帝一面。遊園一日，祇遊全園東邊之一小半，其園之大，蓋可知矣。奇花異卉，美不勝收，亭榭樓臺，鈎心鬥角，玩物之多而美，又非筆墨所能殫述矣。

十七日，爲乾隆皇帝萬壽之期。大使等晨三時即起，仍由樊周二大人導往宮中祝壽，抵宮門，待漏於朝房，時中國大員到者甚多，相與進茶點，談雜事，頗不寂寞。約二小時後，執事官入白壽筵已具，請諸位大人至萬樹園，向皇上祝壽，恭與宴會，於是衆皆下，至萬樹園，齊集於御幄之前。然皇帝則並未露面，但於幄中一錦簾之後，似有依稀之影，似高坐而受賀者。俄而樂聲大作，贊禮官唱禮。大小臣工，一律以頭搶地，行其三跪九叩之禮，而英使等亦屈膝行禮。宴罷而退，始終未見皇帝之面也。已而和珅諸大臣復邀大使同遊萬樹園，以續前遊之餘興。園中有演劇之舉，大使亦得寓目云。

十八日，大使及副使等奉詔入宮觀劇，皇帝亦在場。一見則招之來前，且謂之曰：『朕以八十老翁，猶來觀劇，非有童心，不必見笑，蓋朕平時政務萬幾，非有特別慶典，總無空閒來賞玩也。』大使對曰：『貴國治安日久，自應點綴承平，敝使躬逢盛會，殊用爲榮。』皇帝喜其言得體，立自座傍取一髹漆木匣，囑其轉送英王，其中有寶石數塊，並有卷子壹冊，則皇帝之翰墨。同時皇帝又以御書手卷壹冊及檳榔荷包數事賜大使，其副使及屬員皆有受賜。乾隆工書畫，自豪爲「十全老人，」故所賜臣下之物，往往以御翰爲多云。

萬壽慶祝之禮，既已完畢，而英使亦遊興將闌矣。英使擬一說帖，送上和珅，由譯員譯就，遞上，其內容略謂：印度斯坦號船主麥金吐司（Mackintoch）因裝運英國禮物來華，業經交妥，其本人亦蒙貴國皇帝賜見。現因印度斯坦號停泊於珠山海港修理，船中不宜久無統率之人，故擬命該船主先回船辦事。又該船主到珠山之後，意欲就近購買茶葉等土物運英發售，或該船上人有英國物品發售當地人者，亦請照准。又敝使來時，同人中有數學家二人，欲服務於貴國，今尚在印度斯坦船，如蒙錄用，可招之來云云。其後所得覆書，則船主麥金吐司不得先行回船，自應在京守候，俟使節返時，一同回國。至印度斯坦號船上各人，欲在珠山買賣，均可照准，且不收進出口貨稅，以示體恤。而英人二名，亦可錄用，天朝自有辦法處置。即此數事，亦各部院數日協商之結果也。

二十一日，乃啓節回京之期，途中極冷，死兵一名，聞其死乃爲多食水果所致。去時一循來路，二十六日，遂抵北京故居，英人正在整理舊存館中之各種禮物，以便運往圓明園陳列。至二十八日，大致完妥，則運往圓明園。

三十日早，大使至迎鑾場，與百官會同接駕，蓋皇帝回鑾也。大使早得徵稅之通知，乃有此舉。

十月二日早，英使往圓明園，應和珅相國之召，時和珅之弟和琳亦在坐。首相即以由珠山送來之數封函授余；其一乃印度斯坦船大副寫與船主麥金吐斯者，其二封則高厄勳爵寫給大使者。英使將已信內容述與首相知之，言目下雄獅，印度斯坦二船均停泊珠山。雄獅船已預備就緒，一得敝使命令，即可啓椗回國，而印度斯坦船則必候船主回船乃能啓行也。首相則勸其早日回去，因北京寒冷，不適外人，而萬壽典禮既已看完，則不必再看新年典禮矣。大使則答謂本人此來，非爲暫時之交歡，實欲永久之敦睦，故敝國皇帝之意，即欲敝使永駐貴國，倘此後兩國間發生何種之問題，則敝使自可代表敝國皇帝向貴國政府直接磋商也。至於敝使駐節之一切經費，自由敝國供給。倘貴國皇帝有與敝國互派使臣之意，則敝國素所歡迎，行李之往來，供其困乏，且以極尊榮之禮待之。此正現代歐洲各文明國之通例也。詎料大使言之津津，而首相則聽之漠漠，侈談雜事，不涉本題，且時露逐客之意。大使既不得要領，惟有告退而已。

三日，徵稅至，請大使入宮，謂相國及各大臣相候久矣。大使遂與之同往，爲時不及一鐘，已到宮門，惟靜候至三小時之久，然後見和相國出迎，行禮竟，即導之進宮，經大廳，歷長橋，始抵寶殿之前。殿基極高，有階而升，石級盡處，有黃緞稱成之圈手椅一行，中有一椅，椅上有一黃封。大使等在殿下行禮後，然後拾級而登，行至座前，和珅指黃封謂英使曰：『此乃皇上賜與貴國國王者，少頃當遣執事官送往使館，但照本朝習慣，君必須到此行禮接受之，請汝來此，亦爲此故。』次指椅旁桌上黃綢所蓋之包裹，某爲皇帝贈英王之物，某爲賜英使及其隨員之物，此時和相冷若冰霜之面，爲前此所未見。同時且將英使所饋之禮物交還，其他大臣亦却而不受，殊令英使悶悶。臨別時，和相謂英使倘有條陳，可開帖兒到來。回館後，果見華官十餘人率官役合齎皇帝御函至，並禮物多種亦陸續挑來。此不啻命英使回國之一種暗示也。

是日，大使具說帖由和相國轉呈皇帝者，所要求之事，大要如下：

一 請中國允許英商貿易於珠山、甯波及天津。

二 請准英人在北京設立貨倉，出售貨物，如前俄國商人。

三 請於珠山附近，劃一未經設防之小島，歸英國商人使用，以便英商存貯貨物，及看守居住之用。

四　請於廣州附近得一同樣之利益，且聽英商自由來往，不加禁止。

五　凡英國貨物轉運廣州澳門二地者，請予免稅，最少亦依一千七百八十二年之稅律，從寬減收。

六　請禁止對於英商任意抽稅，而出乎大皇帝所定之外者，且請將中國稅則賜下一份，俾敝國商人有所根據，因敝國商人至今亦未睹其內容也。

英使至此，毅然自動歸國之意，蓋不待華人出諸逐客之途也。但前據珠山來信，雄獅號有即日啓椗回國之意，距今已數日，未知其已開行否，則致一函與和相，謂前上說帖，計達左右。謹俟賜覆之後，即行回國，乘原船而回，但深恐雄獅船或已南駛，故必設法阻之。今附上一函，請中堂飭人飛遞珠山，交高厄勳爵，如不及，則飭送信之人，趕至廣州截之，俾得成行爲荷。至夜，徵稅復來，謂貴使致高厄勳爵之函，已代交矣。至於使節言旋一事，已由中堂奏明皇帝，皇帝亦極贊成，且欽天監擇定本月七日吉日爲貴使動身之期，並飭令沿路文武官員，一律照料，以示體恤。至貴使致和中堂之說帖，則於使節啓行之日，方作答也。

十月七日午時，英使由北京館舍出發，忽忽啓行，急於星火，途中經一幄，則和相國兄弟及大臣數人均已朝服侍立，躬送英使者。相見畢，則見幄之正中有一桌，桌上有物二束，其一乃敕書，卽皇帝答覆英使之要求者，其一乃物品清單，則詳列皇帝贈英王之物也，而皆以黃綾覆之，亦定制也。英使乃與和相話別，出幄乘馬向通州進發，而敕書及禮物單，則別由一五品官齎送至通州館舍，由英使親手接收矣。

九日，使團自通州啓椗，時河水漸乾，常遭擱淺。十日而護送員侍郎松筠乘船護送，名爲護送，在華人目中則爲押解也。

註[一] 案：馬卡特尼伯爵不肯叩拜之事，人多疑之。安迭生 (Aeneas Anderson) 固該使團中人也，但彼未預朝見之事，則謂其時所行之禮，氏目覩其盛者，皆嚴守祕密，疑其中必有不可告人之事也。而中國人方面，皆嘖嘖謂馬卡特尼伯爵叩頭。陳康祺郎潛紀聞云：「乾隆癸丑，西洋英咭唎國使者當引對，自陳不習拜跪，及至殿上，不覺雙跪俯伏。故管侍御韞山堂詩有「一到殿廷齊膝地，天威能使萬心降」之句也。故嘉慶時代，英國第二次使臣來華朝覲，當討論禮節時，華官謂必依馬卡特尼伯爵之例，叩頭而已，且報明馬卡特尼伯爵每次覲見，皆有叩頭之舉。此次執意不從，致被駁回。

不獨此也，俄籍譯員維特金（Vladikin）者，其時正在北京，及其他躬逢盛會之人，皆斷斷謂英國大使行其三跪九叩之禮，人言籍籍，要非無因。

六　歸航餘波

沿途地方官除供給之外，皇家實有特費，每日以五千兩爲限。此種偌大數目，頗不足信，果爾，則官吏之中飽不少矣。松筠時過使船談話，以洋務人員自命，極力敷衍英使，而陰實防範之，然亦不容松筠不爾也。蓋乾隆皇帝實有不慊於英人，以爲此來必另有作用。觀其諭曰：『英吉利在西洋各國中最爲傑驁强悍，在洋常劫掠夷商，今不遂所欲，或藉詞生事，不可不預爲之防。雖澳門各國，未必附從，第人衆船多，不免被其恫喝。必妄稱許令總理西洋諸國貿易，夸大其辭，抽分漁利。須先期曉諭。』又諭：『各海疆營伍廢弛，必須振作改觀，方可有備無患。如珠山及附近澳門島嶼，皆當相度形勢，先事圖維，夷人便水而不便陸。且船在大洋，果口岸嚴密，主客異勢，斷不能施其伎倆。若將來船至天津甯波，即行驅逐，不遵，則懾以兵威。此外如山東廟島福建臺灣，當一體防範。夷船雖至甯波寄椗，而何處島嶼可居，何處港澳可泊，豈能遽悉其詳，必有漢奸勾引，當卽尋究。』故松筠雖與英使和協，而仍不得不奉公行事。尋松筠奏報，沿途安靜，上始釋然，念其在洋度歲，加賜福字二方及蟒緞諸物。

途中，英使與松筠會談，偶及於敕書第二道。大使根據敕書之拉丁文本，謂其中有「爾英吉利國人素喜傳教，佈爲謬說」等語，以詰松筠，謂本人此來，目的祇在通商，並無傳教之想，不知貴國何所見而云然也。松筠則謂敕書中本無上述之二句，但其中所謂不得妄行傳教者，則聲明在先耳。大使曰：『第二道敕諭中旣有一處之謬誤，則難保無第二處錯誤也。最好求大人代奏皇上，請其再降一道敕諭，俾吾回覆敝國王可乎？』松筠亦許之。

二十九日，天氣和暢。松筠過來，謂得北京消息，雄獅小船及同行之積荷爾等船，目下已離珠山，惟印度斯坦船則尙未啓椗，貴使回去，亦惟有駕此船矣。大使卽謂印度斯坦船乃商船格式，能多載貨物而不能多載搭客，今余部下人數衆多，擠擁一船，勢必致病。松筠惟有允其立刻寫信往北京設法而已。大使又謂倘北京執政之人，能早日將敝使致高厄爵士之信早送去，何致發生此事。松筠無言可答。

三十日，松筠又來會大使云：『貴使一路情形，早由兄弟報告皇上得知。從前皇帝對於貴使之來，頗爲疑慮，今已渙然冰釋，知無非爲聯絡邦交，振興商務起見。皇心愉悅，即降旨新任兩廣總督長麟，命其加意照料，並將外洋入口稅務切實整頓。倘有外人受枉，許其直接稟告總督大人查辦，不必如前由行家經手矣。』

十一月二日，渡黃河，五日抵揚州，六日過長江，七日至常州府。是日，松筠來言，頃奉朝廷之諭，吾等到杭州後，即由新任兩廣總督長大人護送貴使前往廣東。貴部之麥金吐司船主，既係印度斯坦號船主，則聽其前往珠山地方，回原處辦事。大使提議將本人之重大行李及皇帝贈英王之物，擬由該船主帶往船上，並遣侍衛數人回船料理。松筠亦甚贊成。又曰：『貴使到了杭州，自有長大人伴送，兄弟亦不必同往，現在打算到杭州之後，再往甯波，將船主麥金吐司上船之事，料理清楚，即行回京覆命。前聞貴使曾言該船主到珠山之後，擬在該處收買土貨，回國發售，已承和相許可。若此次船主因時間短促，或別種關係，不能在該處收買土貨，則不妨至廣東然後收買，亦可免稅，以示優待。請貴使通知該船主便是。』松筠又云：『兄弟沿途簡慢，未知貴使能原諒否？』大使推誠謝之。

九日至杭州，長麟出迎，寒暄既畢，則命隨從捧進數物，謂皇帝送與英王之物，請其收者，乃絲綢數疋，荷包數箇，並御書福字堂軸。此福字亦有一幅賜大使者，大使一一領受。長大人又謂須待四五天將此地事務交代清楚，然後陪貴使動身耳。又傳諭船主麥金吐司，令其不必在珠山買貨，因此次不便交易，在廣東去辦可矣。

十一日，大使接高厄爵士一函，係上月十五日自珠山寄發，今相隔已及一月，諒中途爲華方擱置。信中言，雄獅船中病者甚多，醫生大副亦病，而又無藥，故不得已開往廣東買藥，一俟事竣，當即北返，迎欽使於珠山也。大使立即追信着其在澳門守候，不必往珠山矣。

十三日，松筠來辭大使，情意殷殷，大使以物贈之，不受。

十四日出發，大使坐肩輿下船，樊周二人亦隨往，蓋長大人特邀彼二人相陪也。長大人時來談話，大使直接向其提出整頓廣東英國商務之議。長大人請其開一說帖，俾得斟酌辦理。

一路水陸平安，賓主融洽。途中，長大人又請大使以中國文體寫一謝恩摺，呈上御覽。大使依命爲之。長大人至爲欣喜。

船至南洲，長大人先率其部下人員，趕往廣州，預備一切，故先辭大使而行。大使之船亦繼續前進，惟進行稍慢耳。

十八日，抵佛山鎮。至午蒞一花園，乃廣州中國行員所有也。入園後，有公司委員勃郎尼(Brown)厄文(Irwin)約克孫(Jackson)及書記荷爾(Hall)等相與出迎，言英使致高厄爵士之函，已經送去，雄獅船亦未他往，仍泊於廣東沿岸耳。並出從歐洲寄來之書信物件分致大使等，平安椷札，一字千金。又介紹華商多名，與大使相見，大使一一慰勞之。

十九日九時，船抵廣州，下午二時登陸，上碼頭，入館舍。長大人及撫臺藩臺及文武大小官員均官服出迎，導至廣廳，相對而坐，談論一路航情，亦多慰勞之語。長大人至為大使演劇，並設宴洗塵。演員均為一時出色之名角，且甚可觀云。而館舍之安適華麗，亦殊合大使之身分。大使除與華官敍見之外，又須與本國商人周旋，應酬紛繁，忙碌之至。華官方面有數人欲得大使贈物者，大使亦一一饜之。

一千七百九十四年一月一日，總督長大人盛陳儀仗，至大使館中，宣讀敕書，其文略云：『諭爾英吉利國使臣馬卡特尼：爾英吉利國遠隔重洋，與天朝相與甚遠。爾國王以仰慕天朝文化之故，命汝齎奏章方物，來獻於庭，向化情殷，朕甚嘉之。除將貢物分別賞收及准爾瞻覲外，並以文綺珍玩賜汝，且命大臣等妥爲保護。……玆據大臣等轉奏，爾尚欲懇朕再降諭旨一道，說明天朝不能允爾所請之故。爾於天朝體制，原未悉諳，朕前此所降敕諭二道，猶有未明白之處，不妨再爲爾剴切言之，以示寬待遠人之意。……當知汝所請各節，實礙於天朝體制，不能照准。朕雖有照准之心，亦不能改變祖宗成法，非有惡意存乎其間。汝歸國後，務將此諭詳爲爾王解釋。爾及爾王，諒能深識朕意』云云。（此諭原文，無從查考，惟有自英使日記上抽譯耳）長大人又言，兄弟至廣東後，已積極改善洋務，逆料積弊不久掃清也。英使同時亦供以意見，俾得參考。

一月八日，華官及英國商人會餞英使於英國洋行中。使團全體蒞會，一時冠蓋雲集，賓主盡歡，至此無復中外畛域其間矣。既罷宴，大使遂與斯坦登爵士及其隨員向彼等告別，同坐駁船至黃埔，登雄獅船。上船之後，至晚，樊周二人過船話別，大使命庖丁治宴享之，二人話別，灑淚臨風。二人陪伴使團有數月之久，如同膠漆，黯然消魂，惟別而已。二人別後，又遣人送上蔬果二十大簍，以表情意。

十四日，大使在澳門上陸，總督讌之。大使則居於東印度公司管貨人德藍蒙先生 (Mr. Drummaond) 之住宅，頗爲安適。

一七九四年三月八日，大使遂別澳門，上雄獅船。岸上鳴炮送之，同時西班牙及葡萄牙各艦亦鳴炮送之。而由英國駛來護送使團歸國之兵艦號「東印度人」者，亦泊於海口預備出發。以前隨同出發之船，積荷爾 Jackall 則於使命結束之後售與東印度公司海軍部船長普洛克托 (Practor)，而克拉稜斯 Clarence 則在澳門已有人承受矣。

十七日七時，雄獅號啓椗，同行者尚有英國商船多艘，並有西葡美三國之船焉。時則遙天如鏡，海水無波，順風而行，其疾如矢。四月十九日，已在印度洋，各船一線而進，有時約在赤道之南二十度至二十五度之間，印度洋甚廣，費時逾月乃可畢航。惟將近非洲岸之時，暴風忽起，雷電交作，船上之桅，吹斷者數，差幸行人無恙耳。經聖赫勒拿島 (St. Helena)，停泊數日，一換空氣。並補充糧食，逗留數日，又復前行。沿途無可紀者。卒於九月十五日夜安抵英倫海峽。翌日，下錨於朴次茅斯港。大使由此上陸。此行也，一別幾二年之久，生入國門，其喜可知。雖其所抱企圖，盡成畫餅，而究能一入中國之腹地，探討其國勢民情，著爲日記，傳諸國人，上繼馬哥孛羅之芳躅，下足為國際外交之參考。其留華之時間雖短，而中國方面，已留有甚深之印像，亦非全無益處也。

英使歸國之後，英人見未達通商各埠之目的，則復備禮物國書，由商船送至廣東，賫詣乾隆皇帝，重申舊言，再接再厲。有挾而求，實迫處此。其國書由洋行中之通事譯為漢文，粗陋可笑，幸終不失其原意，茲照錄如下：

英吉利國主喬治(George)管法蘭西並愛爾蘭(Irland)等處地方，呈天朝大皇帝。我宗室議政大臣馬甘尼（馬卡特尼）由天朝京都回到本國，帶有大皇帝書信，所諭情由恩典，我心中十分感謝歡喜，所差貢使進的禮物，蒙皇上賞收。賚到御賜各物，當即拜領，足感大皇帝紀念。彼此雖隔重洋，但俱要望通國太平無事，百姓安寧。蒙大皇帝諭稱，凡有我本國的人來中國貿易，俱要公平恩待，此是最大天恩。雖天朝百姓，不能來我國貿易，若有來的，我亦要盡心一樣看待。我已分付在港脚等處地方官員，遇有天朝百姓兵丁人等，務要以好朋友相待。從前天朝差大將軍帶兵到的密（西藏）地方，我國兵總亦曾相助。前貢使到時，未得我們因都士丹（印度斯坦）地方音信，是以未曾將此事奏明。將來如有機會，亦可以表我的誠心。據貢使回稱大皇帝萬壽康寧，並稱我將來年壽，仰託鴻福，均同一樣，我心實在歡喜感激，惟望中華同外國永久共沐天恩。順具本國些須土物，伏乞賞收，自英吉利國本都呈。一千七百九十五年六月二十日。

此國書復由兩廣總督朱珪與粵關舒某奏上。其摺云：

奏爲英吉利國呈進表貢，奏明請旨事：據洋行商人蔡世文等稟稱，據英吉利國大班披朗，稱伊國王備具恭進大皇帝表文方物由本國夷船寄粵，令伊面見總督關部大人，將表貢賚呈，轉求代奏等語。臣等當即傳見該大班，據將夷字正副表二件，伊國自書漢字副表一件，貢物一份呈出。臣等公同閱驗，其漢字副表雖係中華自書，而文理舛錯，難以句讀，隨令通曉該國自書之通事，將夷字副表，與漢字表核對，另行譯出。臣等核其文義，緣該國王因前年貢使至京，仰蒙皇上懷柔體恤，賞賚渥優，不勝歡喜感激，是以備具表文土物等呈進，以表悃忱，且聲明前年天朝差大將軍帶兵到的密地方，伊國曾發兵相助。此事在從前貢使起身之後，他們不曾得知，是以未在大皇帝前奏明等語。臣等詢問該大班的密是何地方，據云在中華西北地方，與本國海道毗連等語。是的密似即係廓爾喀地名。其所稱曾經發兵相助之語，措詞極爲恭順，而又意存見好。外夷慕化輸誠，益仰德威廣被。惟是各國進貢，向係專遣使臣齎奏。今該國並無貢使來粵，止係該大班接到表貢，求臣等轉奏，與例未符。謹繕錄貢單，同原表三件，恭摺奏呈御覽，其貢物如准賞收，俟命下，臣等另行委員齎送京師。

奏上，皇帝下敕書一道：

軍機大臣等朱珪奏英吉利國呈進表貢一摺。該國王因前年貢使進京，賞賚優渥，特具表文土物呈進，具見悃忱，雖未派專使來粵，有何不可。已准其賞收，並發給敕書一道，諭以爾國遠隔重洋，上年遣使恭齎表貢，航海祝釐。朕鑒爾國王悃忱，令使臣等瞻覲與宴，錫賚駢蕃，頒發敕諭回國，並賜爾國王文綺珍玩，用示懷柔。茲爾國王復備具表文土物，由夷船寄粵進呈，具見恭順之誠。天朝撫有萬國，琛賮來庭，不貴其物，惟貴其誠。已飭諭疆臣將貢物進收，俾申虔敬。至天朝從前征勦廓爾喀時，大將軍統領大兵深入，連得要隘。廓爾喀震懾兵威，匍匐乞降，大將軍始據情入奏。天朝仁慈廣被，中外一體，不忍該處生靈咸就殲除，是以允准投誠。彼時曾據大將軍奏爲爾國王遣使前赴衛藏投稟，有勸令廓爾喀投順之語。是時大功業已告成，並未煩爾國兵力。今爾國王表文內，以此事在從前貢使起身之後，未及奏明，想來詳悉始末。但爾國王能知大義，恭順天朝，深堪嘉尚。茲特頒賜爾國王錦段等件。爾國王其益勵藎誠，永承恩眷，以副朕綏遠敷仁之至意！朱珪接到後，可即交與該國大班披郎，轉送回國，俾國王益加感戴恭順，以示懷柔。至天朝官員，例不與外夷交際，其致送前任總督禮物，朱珪飭令寄回，所辦亦是。

此爲英國第一次使臣來華之尾聲也。事隔二十三年，（西曆一八一六年，嘉慶二十一年）始有第二次使臣來華之舉，然其成績卒不及第一次云。

七 結論

英使之來，本欲求推廣商業，議訂稅則而已，初無利人土地或心謀不軌也。而清朝上下，竟疑包藏禍心，窺探上國。於沿海岸調兵列隊，以示威風，嚴爲防範，不知使團上下不過數百人，且主客異勢，縱有暴動，立可弭平，亦可謂小題大做矣。既又徒斷斷於叩頭之虛禮，尊己絀人，蓋由懵於國際大勢，無足怪者。但外人入華，觀光上國，而留連風景，亦多方阻止，毋亦絕人太甚耶？英人素抱傳教之熱心，而皇帝敕書中則迭白其欲傳教中土之謬，尤離事實。其懵懂可知。然其時我國方際盛强，海禁雖開，各國無不遵約束者。故高宗皇帝賜書斥絕，彼即俛首怵心，毫不敢校，而我國自謂駕馭得法，其實彼等亦何嘗心服哉？且自通商以來，海關之稅日增，漸至千數百萬兩，有裨於度支者非淺鮮矣。而市舶之來，中國茶絲藥餌之所貨，懋遷之盛，前代罕聞，誠有如國人所云：彼有求於我，而我無求於彼也，從之通商，但見其利，不見其損，又何必拂人之性哉？或曰：『自我國門戶開放，百餘年間，而我國遂有坐困之勢，則前代所爲，不可謂非杜漸防微也。』不知國於大地，難免競爭，我不能自固吾圉，又焉能怪人之經濟侵略。既不能閉關自守，又不能振興工商各業，欲不落後，其可得乎？日本亦何嘗不門戶大開也，其效可覩，事在人爲而已。執政諸公，愼勿謂徒恃仁義，而可以制梃以撻他人之堅甲利兵也！

主要參考書目

西文本

eneas Anderson: Anarrative of British Ambassy to China

r G. Staunton: Ambassy to China. vol. 1—3.

Barrow: Travels in China

elen H. Robbins: Our First Ambassador to China.

'illiam W. Rockhill: Diplomatic Missions to the Court of China.

. B. Morse: The East India Company Trading to China Vol. II

ırgent: Anglo—Chinese Commercial And Diplomacy.

. B. Morse: The International Relations of the Chinese Empire.

文本

源：海國圖志

慶雲：熙朝政紀

士濬：皇朝經世文續編，

地山：達衷集

江上蹇叟：中西紀事
王之春：國朝柔遠記
王韜：弢園文錄
王先謙：東華錄

八 附錄(一)

國務卿丹達斯(Dundas)諭馬卡特尼勳爵一道(一七九二年九月八日)

勳爵閣下：

大皇帝陛下之命令及訓諭關於出使問題者，閣下當已明白。閣下此行，吾亦勉爲一語，望閣下垂聽之。

我陛下臣民之貿易於中國，由來已久，而人數之多，又爲歐洲任何國家所不及——中有數國與此大國之通商，或輔以其國主之特殊使命——其他則以教會之助，藉其偉大之科學及奇技，得親近於中國之廷，而教會中人除傳教之外，未嘗不爲其本國利益着想。而英國商人，仍無助力，去國萬里，照料難及，其國性及其重要常爲人所誤會，而其職業又無特點，使人另眼相看，置於安全可敬之地位。

我大皇帝軫念遠民，爲振興一國之商業及繁盛起見，不得不向中國皇帝要求保護其民，實迫處此，欲罷不能也。

夫與世界上最奇特之一種人民交通，其文明又亙古常存，而藝術又歷代蒸蒸日上，甚少間斷；且又奉皇命，用公費以追求學問及發現新地之態度以遠詣此邦，其必歡喜贊嘆，感皇恩之浩蕩矣。

英國領土在印度之範圍及價值，與中國各部發生多少關係。貿遷之事，實利賴之。

政府近來所度關於茶業，比以前此物正式之輸入大英者已過三倍；尤須特別與中國親善，俾交通頻繁，供給不斷，其製造法或可傳入本國及印度領土，則每年可塞一百四十萬鎊之漏巵。

雖然大英之與該國貿易，情勢殊屬棘手。我國民祇有廣州一地可以設廠者。市場之競爭，已爲華人之合會破壞有餘——我國管貨人常不見直於該國官府，往往有遭非理而含冤莫白者。

無論此種劣事出於皇家之政策，或起於他國之嫉妒讒言，或竟由當地政府腐敗之所致，要皆爲吾人所當決斷者。今汝現在之使命，其惟一目的，乃求補救之方，今爲汝爲國效勞之會，無負陛下之期望。余今更愼重告誡，於汝此行不無少補，但事變之來，每難逆料，應付之方，存乎一心，是在閣下而已。

輿論所傳，中國人大抵力避與外人交接，北京政府亦有同樣之主張。——雖此事由於猛烈君主下之委員的腐敗及專制造成商業上之嫉妒，而居民之不端，亦爲廣州之通病，而游客之歸來者，則極力相信皇帝本身乃極易接近，而招待在北京之外人，則甚爲有禮云。然此時而能望其有獎勵對外貿易之政策，吾人亦十分疑惑。

倘政治上嫉妒而能激起中國人之排外性，則第向俄羅斯人發耳，因其壤地接近，勢力相當，又深恐其誘惑小國之事，則其使中國政府防之亦無可疑。

但亦不然。彼得大帝第一時，俄使已有入北京之舉。嗣後俄國委員之住北京者，往來不絕，許以通商，從而優待，對於彼國國性，亦不暇深求矣。

但無論如何，難免有嫉妒之心，惟在設法泯滅之耳。使者到華，可力白此行乃聯絡二國之感情，為人類利益起見，為二國互助利益起見，及求中國政府保護吾人之商業起見，且自願服從中國之法制，而在一永久原理之上，造成二國人民之均等利益云云。

前者英國及其他歐洲各國含寃上訴於北京朝廷而欲求有限的貿易上之權利，往往為滿洲人及廣州商人之陰謀所阻，且奉命而往者多為下乘之才，故其失敗，勢所必然。故今決意以大英皇帝陛下之命，遣使於中國皇帝。以閣下品秩之高，重以皇華之命，而閣下又嘗奉命與俄國訂商業之約，又曾一度在印度英屬領土操執政之權，駕輕車而就熟道，當無不如意矣。且以此次出使之任務，歸於一人，乃廣州公司之人，熟諳華事者，一致推舉閣下也。

我見一七五三年葡萄牙王遣一使來華求傳教之權利，由廣州至北京，一路無阻，而且大受敬禮。但君出此途與否，陛下聽君自決。此處固多荊棘，君須十分提防也。

以俄國式馬車由陸路而往，亦不甚穩當，而最新發現由西藏(Tibet)至孟加拉(Bengal)之交通，又長而且阻，其結果當亦不快人意矣。

其較善者，則由海道至中國之東方或東北口岸，由此而求一良好之嚮導直至京都，然後遞交國書及禮物。但以我愚見，亦須預先通知，因凡入中國領土之大使，必先得其批准也。

但或者汝未到中國海岸之先，接有由董事會派來廣州之委員運動入華者之通告，則可以決定汝之路程。

亦須在中國南方口岸停滯有頃，然後北行。汝到澳門或廣州，此處公司諮議會或有委託之處，或有事告汝，以爲將來覲見之口實者，或更有助力使汝此行順利者。倘有十分理由，必由北方港口進京，汝亦必一經廣州，在此可多得助力，以利使團之進行也。

陛下對於此事，屬望殊殷，欲增重使團之尊嚴起見，欣欣然以其一艘戰艦載君及君之隨員。且命輕龍兵、礮兵步隊中選其最精銳者，由少校本孫(Benson)統之，且決意升之爲大佐以佐君矣。此隊衛兵，大足爲使團生色，我相信此隊之秩序，外觀及操演，皆足表示吾人軍事之精。倘皇帝垂盼，欲採用吾軍隊之操法，則彼方面必有良好之酬報矣。至於汝若由海道至京師，既到海岸，派人入京通知之時，以船上一副官隨從亦可，以皇家衞隊跟隨亦可。二者請擇其一。

除汝已擇定之中國譯人之外，倘有西班牙人葡萄牙人及意大利人與其他機警之人而無國家之干連及偏見者，亦可用之，以利此行。

君既身爲陛下全權大使，萬目共瞻，威儀所在，尤須不惜小費，俾免躭延。既到之後，一依彼國之禮，惟以不損陛下光榮，或墜一己之面目致有礙於正務爲宜。

我知君一生謹愼，禮貌異常，必能迎合彼國君臣之歡心，得利必矣。吾須乘此機會，一顯其好身手，君主久欲通中國而未得閒，今遣君出使於世界最文明最古而最繁盛之國，聯二國之歡，而有大利。君須仰體吾皇之意，致敬於乾隆皇帝。倘乾隆賓天，則君可拜候其子。

皇帝好奇，君可與之縱談歐洲各國之情況，俾其樂於接近。且專制之君，往往皆其首相及侍臣爲易近，君可隨機應變，因以爲利。夫言語之妙，初無定型，吾亦不煩多說。當縱談歐事之時，可引入行政方面；既滿皇意，則首先提出二國通商之利益；除他種物品外，即如中國藥物每年入我國者有二百萬鎊之額，而此物在歐亞二洲各國，殊少用途，而吾人所報告者，有羊毛棉及其他有用於中國之物。且吾人在中國經商，都以銀塊給值者。

第二，則因伸張吾人在華商業起見，則必需一安全之地，以爲儲貨之用，以免阻礙吾人之船期。爲此之故，吾人欲求一小地段或脫離之島，惟視廣州利便者，因廣州之貨倉，離船太遠，致公司船及私家商人之水手不受約束。

第三，吾人之目的純在商業，無利人土地之意，亦不欲據地自守，但求中國政府保護吾商人及經紀人，貿易於全國耳。且有所保障，不致爲其他强國以騷擾吾人之商業。但談論之中，問及於吾人現在佔領印度之土地，則君必須一一解釋：謂吾人現在該處之地位，無非欲求自保，以免那保人(Nabobs)之壓迫。彼等與歐洲各國聯合，共謀不軌，將各皇帝賜吾人之權利破壞無遺，或者汝另有佳見，不妨與之駁辯。

此事吾相信必須盡力洗脫清楚，因歐洲國家大目的非祗鼓動印度之力量，且欲鼓動中國皇帝及宰相以英人爲危險分子，且以英國有併吞四方之心也。此事關係甚大，不可不竭力從事也。

倘有機會，請閣下提出吾人商業在廣州之困狀。但以善言向皇帝陳白，不可涉及其用人之錯，但盛稱其英武神聖，此後吾人困難，永不再見矣等語。

倘有成事，則君以大英王之御名領受之——且以最惠條件接受之，君有權力以訂立警務及法律以統吾人所屬之一切，其不守秩序者可懲罰之——但中國人不須受此裁制。但英人有犯罪在逃，中英會緝不獲者，英人之長，概不負責交犯。

倘皇帝允准成事，必須小心擇定地點。地點必須安全而又便於航業者，吾人入口之貨，可以此爲尾閭；又必須近於產茶之地域，最好在北緯度二十七及三十度之間。然此事來之太驟，中國政府一時必不能盡允各事也。但望閣下調度有方，既建立第二事，其他必可得矣。我所言諸點，其本身皆極重要，同時我以爲擇地一事，幸而由我自擇，亦必廣集意見，擇善而從，制法立規，合乎時勢。

倘既得手，汝必首思解除吾人現在廣州之困累，以伸張吾人權利。凡不利於吾人之行爲，除政府正式規定，不能准如所請外，一律改正，又正式手續必須書面上來往也。

汝須防其提出要求於汝，即禁止鴉片業是，因該國法律所不許可者——若此事一經提出，則汝必重大考慮以對付之。吾人在印度領土中所產之鴉片，運銷於中國者，爲數當不少；但彼等眞絕對要求在商約上此種藥品不能運入中國，汝亦不必無謂爭執，可以退讓。吾人之鴉片，惟有在孟加拉銷行耳，或在東海一帶，可以求大量之消費者也。

以大英皇之聰明正直，知人善任，以此國之財及勢，其人民之才智，必自然樂與吾人交歡，殊屬不忝。且在政治上而論，以吾海軍之厚力，彼國有事，可以借重，爲計亦得也。

設使圖克底其成，則可向皇帝提出，求其准英國常常遣使來朝，又請其派使來倫敦，藉資聯絡；且謂凡彼國負有神聖之任命而來者，本國必加以相當之敬禮。

當汝在中國居住時，有一事殊値得注意及努力者，則增加吾人對華之出口貿易，並調查本國及所屬印度所製之貨，何者爲華人最歡迎也。東印度公司之董事，已命一船隨使出發，載有各種英國貨物，非售品也，不過使汝設法廣送華人，以開其在中國之用途。倘載有各種本國製造物之樣本，使華人得以審知其品質及其趣時。

汝居中國時，對於彼國現在之政體、力量及政治，在歐洲百年前爲人所理解者，較今爲多，尤當意存親善，發言之際，不可存煽動性之嫉妒心。近年來歐洲各國與中國皇帝發生任何關係，尤望歷歷在心。

偌多禮物，所以予汝贈送於皇帝及其大臣者，其分派之法，則以有利於汝之使團之目的爲斷。印度斯坦船上有一貸款簿，俾君在廣州行上取款應用。除與正務有關之人員一律隨行外，其專精事藝之士，在中國亦甚歡迎，以之隨行，或可爲本國增重。其材料器具，以資實驗者，自當供給，其爲舊時中國耶教會所陳列不得而有者，或無此大規模者，尤所注重耳。

本國之最近新發明模型，亦能以取悅此種好奇而聰明的人民，如此高貴之事情，或可得相當之酬報。本國最有用之出品之模型及藝術說明書，亦當預備，以便爲該國人解析也。

皇帝陛下有一國書，乃與乾隆皇帝者——惟乾隆帝已屆偌高之年齡，或有不測，則當有第二封書與新帝者交汝。

汝此法，或有需到日本海岸之可能。此國亦產茶，良如中國者，或比中國爲廉。前者他國無得在此國貿易者，今聞已開禁云。

日本市場與中國市場競爭，可使兩地之商品對購者較爲便宜，亦非不可能之事，此事若成，則最少令吾人在北京進行之事，輕而易舉。

故亦有一信與汝交致日本皇者，送去亦可，寄去亦可，按勢而定，惟君之意可矣。交趾支那之國雖小而甚富饒，產茶及糖，其量殊大，由此出口，視由東西印度各部而來者，其率較廉。在歐洲糖價驟增，不止影響及於下層階級民衆，而公家稅收同受影響焉，其害民者，因其生活之必需品，其損公者，乃因其消費之減少也。糖本與其他有稅品等量齊觀也。

此種考慮，爲有國者所須注意，今日之行，蓋爲此也。所擇航程，本可一經此地，於振興商業及介紹作品事，不無裨益。故今付汝一普通之公函及使命，以達於東方諸國君者，惟大使其善用之，因事變不一，不能多所獻計，皇帝陛下已授全權於汝，可任意處置一切。爲國之楨幹，有厚望焉。但有一語，君須記取，凡事無不利於東印度公司在華所享之利益者，無不可行也。

汝或因中途不幸而死，或因汝有事回歐洲而朝廷不及使人瓜代者，或自汝因事離京而需人留鎮者，或有事須遣人因公往日本及交趾支那者或別處者，則今上已命斯坦登爵士，佐君授以全權，大使之信物爲使團中秘書，亦從君之要求也。

同時須知此種信物，惟在汝死後或因上述之原因而不在，及在汝指導之下，方爲有效，彼實受汝節制也。

當使團進行之時，汝得間必將進行之情況送上轉呈陛下，且必須與孟加拉總督康維爾伯爵時時通信，可藉其目光及努力以促進印度之商務於東方。凡不致與現在訓令中相枘鑿者，吾甚欲汝與之合作也。

恭賀大使一路平安，及此行之勝利！

亨利丹達斯（簽名）
（朱傑勤譯）

附錄(二)

諭大使不必追債（一七九二年九月八日）

勳爵閣下：

維昔特先生（Mr. Vansiltart）勞先生（Mr. Low）及斯美夫先生（Mr. Smith）因彼等及其他之債項，爲中國政府之民所應付者，屢次催余敎閣下向中國皇帝申訴彼等債項無歸之苦，欲得皇帝之干涉，俾債項有歸云云。我知必有人完全將此等債項之性質告閣下，且東印度公司公開董事會必有向閣下提出勸告以干預此事者。彼等聲明此債之訂立，乃有違於中國政府之主權及法律者。彼等倘得救濟，殊爲滿足。彼等以過去經驗而言，此種效力，可令華人對於彼等中國貿易之主要商品，有新鮮之印像。但汝此行，利害甚大，而使團經費，本由東印度公司所出，吾以爲此事與吾告誡汝之責任，殊不相合。同時英民之財產有偌大數目被摧，則吾又不能漠然置之也。故吾欲閣下考察時機與地位，探此項轇轕之眞相，窺皇帝關於此事之意旨，運用大智慧，徐籌債項之得償，而無傷於東印度公司在華之利益。余將樂觀閣下對於此事之觀察結果之報告書也。

亨利丹達斯（簽名）

（朱傑勤譯）

附錄（三）

英王佐治第三上乾隆皇帝書

大英、法蘭西、及愛爾蘭王喬治第三神聖陛下，謹致書於中國乾隆至尊皇帝，敬賀億萬斯年。

夫偉大而仁慈之君主天性，卽如陛下登其大寶，爲人類造福，環視領土內之和平與安固，不辭勞苦，以散播幸福、德智予臣民，盡其所能以各種和平的藝術加惠於人類。我朝之初，卽抱此感，故每不得已而開戰役，得勝之後，祈禱和平，不敢誇伐，但仍不能在各方促進吾民之繁盛。以前吾民之優秀者，駕船四出，以求新地，非以征服爲目的也。因現在治下，旣已足用，亦非以擴充領土爲目的也，亦非爲求財也，亦非爲人民之商業利益也。惟欲增加吾人世界知識，尋求地球上各種產物，而以生活之方法及安適通輸於少爲人所知之地；吾人亦曾遣船帶蔬菜禽獸等物而有用於人類者與缺乏此物之地。吾人對於一般國家，其文化爲其歷代賢聖之君成全者，尤爲渴欲探討，而申仰慕。今陛下之國繁盛富饒，可謂極盛，爲列國所贊羨，正敝國所欲親善者也。吾人以謹慎公正，力避戰禍，歐洲各國戰亂相尋，吾人實引爲大戒。吾人聯盟在印度斯坦者，則以阻止野心的鄰國之攻，消其敵愾，雖力足以消滅之，亦不忍爲，惟期與世界同享和平，往者無暇以擴充友誼及仁愛之範圍，而提起中英二大文明國家間之交通及接受二國無限交通中所必獲得之利益。許久以前，敝國人民亦常有到貴國貿易者。二國各處一方，交換商品，溝通實業，得互助之便，實上帝之力，使地上衆生，皆有不同之土壤與氣候也。惟正式交際，則新客必入國問禁，而在他方面，彼亦受地主對於異客之公正及保護焉。敝國甚願限制吾民在任何外國爲不善之事，倘吾人在此地不受損害之時，使此事發生效力，惟有一法，乃由吾人擇一正當之人，居於貴國，以規定其行爲，且接受當地人民對彼等之控告等類。

如有此法，則各種誤會皆可防止，各種不便皆可改進，而二國之交情可萬年而永固。

經過各種考慮，敝國決意委派一非常全權大使到貴國之廷，且甚願擇一人足代表敝國而朝見於大王者。今敝國已擇定敝國所信任而愛重之勳爵馬卡特尼，乃不穀之姪及敝國之議員，黎山那之男爵（Baron of Lissanaure），大英國樞密院之顧問官，最尊榮的巴夫（Bath）隊中及最古的皇家白鷹隊之武士，且爲倫敦學會之學士，品秩清華，道德高尚，才學軼羣，歷任國內要職，且常代表不穀出使俄國，而在世界東西各部皆營遺有絕佳之治績，一度爲孟加拉總督，今授爲敝國全權非常大使直指來華，銜有敝國之信物。敝國望陛下賜以覲見，而好意及之也。

欲使使團有始有終，完成使命，不致中途有萬一之停滯，而大使行後，偶或死亡，或因事離開貴都，亦可成行。吾人尚委斯坦登從男爵，牛津大學之法學博士，英國皇家學會研究員，爲使團之秘書，受大使節制。其人嘗爲敝國西印度領土各地諮議院委員及米爾打亞(Militia)之參將，卓著才幹。且該處一有要事，敝國一以任之。彼嘗一度與印度斯坦王子鐵跛(Tippoo Sultaun)媾和，亦勝任愉快。今亦委爲全權大使之代理人，如大使有死亡或離去之事，由彼代拆代行。今奉不穀命來華，亦望陛下欣然賜以觐觀也。

陛下之智慧及公正與治內對於人類之慈惠，吾人實利賴之，陛下必樂賜吾大使以顏色，俾其回時得以宣揚德化也。吾使方面，其有藝術科學之足觀者，可以自由傳播於貴國，乃陛下所喜也。陛下其許吾民常到貴國海岸貿易及居住，在陛下法律保護之下，其生命財產得有保障，所厚幸也：一人犯罪一人當，使吾國民有擾亂貴國秩序或法律者，或破壞吾二國間之和平者，則貴國可以按法懲之，敝國亦授意於敝使嚴厲按法科罰矣。

敝國已特別授意於敝使盡力設法將敝國人之微誠達於陛下，亦欲陛下允吾之請。吾人兄弟之國，庶有兄弟之情乎！

陛下其長邀聖眷！

書於倫敦之聖士七宮，本朝三十二年。喬治（朱傑勤譯）

附錄(四)

廣州府下行商蔡世文等諭

廣州府正堂，加十級，紀錄十次，徐，諭洋商蔡世文等知悉。乾隆五十七年十一月十二日，奉巡撫廣東部院郭、粵海關監督盛憲牌，竊照本年九月初三日，據洋商蔡世文等稟有英咭唎國夷人啵喞、啞哩晚、質嘔等來廣，求赴總督暨粵海關衙門具稟。該國王因前年大皇帝八旬萬壽未及叩祝，今遣使臣馬卡特尼進貢，由天津赴京，懇乞先爲奏明等情，經本部院關部於九月初七日會同恭摺具奏在案。於十一月初八日准兵部火票遞到廷寄，乾隆五十七年十一月二十日奉上諭：『郭世勳、盛任等據洋商蔡世文等，稟有英咭唎國夷人啵喞，啞哩晚，質嘔等來廣稟稱該國王因前年大皇帝八旬萬壽未及祝賀，今遣使臣馬卡特尼進貢，由海道至天津赴京等語，並譯出原稟進呈。閱其情詞，極爲恭順懇摯，自應准其所請，以遂其航海向化之誠，卽在天津進口赴京。但海洋風帆無定，或於浙、閩、江蘇、山東等處近海口岸收泊，亦未可知。該督撫等如遇該國貢船到口，卽將該貢使及貢物等項，派委妥員迅速護送進京，毋得稍有遲誤。至該國貢船雖據該夷人稟稱約於明年二三月可到天津，但洋船行走，風信靡常，或遲到數月，或早到數月，難以預定。該督撫等應飭屬隨時稟報，遵照妥辦。再該貢船到天津時，若大船難於進口，著穆騰額預備小船，卽將貢物撥送起岸，派員同貢使先行進京，不可因大船難以進口，守候需時，致有耽延也。將此傳諭各督撫等，並諭郭盛知之，欽此。』遵旨寄信前來等因到本部院，關部承准此，除移咨各省督撫部院，暨長蘆鹽院轉行欽遵查照外，合行檄行備牌，仰司卽便會同按察司欽遵查照，卽檄南海縣將奏奉諭旨，准令英咭唎國進貢緣由，傳諭該國夷人，啵啷、啞哩晚、質嘔等，欽遵查照，毋違等因。奉此，合就檄行備牌，仰府照依事理，速轉飭南海縣將奏奉諭旨，准令英咭唎國進貢緣由，傳諭該國夷人啵啷、啞哩晚、質嘔等查照，毋違等因。奉此，除行南海縣遵照外，合就恭錄諭旨給發該商等，卽傳諭該國夷人啵啷、啞哩晚、質嘔等，祇領欽遵查照，毋違。此諭。

乾隆五十七年十一月二十八日諭。

附錄(五)

乾隆五十八年敕諭前一道

皇帝敕諭英吉利國王知悉：咨爾國王，遠在重洋，傾心嚮化，特遣使恭齎表章，航海來庭，叩祝萬壽，並備進方物，用將忱悃。朕披閱表文，詞意肫懇，具見汝國恭順之誠，深爲嘉許。所有齎到表貢之正副使臣，念其奉使遠涉，推恩加禮，已令大臣帶領瞻覲，賜予筵宴，叠加賞賚，用示懷柔。其已回珠山之管船官役人等六百餘人，雖未來京，朕亦優加賞賜，俾普沾恩惠，一視同仁。至爾國王表內，懇請派一爾國之人住居天朝，照管爾國買賣一節，此與天朝體制不合，斷不可行！向來西洋各國，有願來天朝當差之人，原准其來京，但既來之後，即遵用天朝服色，安置堂內，永遠不准復回本國。此係天朝定制，想爾國王亦所知悉。今爾國王欲求派一爾國之人，居住京城，既不能若來京當差之西洋人，在京居住，不歸本國，又不可聽其往來常通信息，實爲無益之事。且天朝所管地方，至爲廣遠，凡外藩使臣到京，驛館供給，行止出入，俱有一定禮制，從無聽其自便之例。今爾國若留人在京，言語不通，服飾殊制，無地可以安置。若必似來京當差之西洋人，令其一例改易服飾，天朝亦從不肯強人之所難。設天朝欲差人常住爾國，亦豈爾國所能遵行，況西洋諸國甚多，非止爾一國，若俱似爾國懇請派人留京，豈能一一聽許？是此事斷斷難行，豈能因爾國王一人之請，以致更張天朝百餘年法度？若云爾國王爲照料買賣起見，則爾國人在澳門貿易，非止一日，原無不加以恩視。卽如從前博爾都噶爾亞，意達哩亞等國，屢次遣使來朝，亦曾以貿易爲請。天朝鑒其悃忱，優加體恤，凡遇該國等貿易之事，無不照料周備。前次廣東商人吳昭平有拖欠洋船價値銀兩者，俱飭令該管總督由官庫內先行動支帑項，代爲淸還，其將拖欠商人，重治其罪，想此事爾國亦聞矣。外國又何必派人留京，爲此越例斷不可行之請。況留人在京，距澳門貿易處所幾及萬里，伊亦何能照料耶？若云仰慕天朝，欲其觀習敎化，則天朝自有天朝禮法，與爾國各不相同，爾國所留之人，卽能學習，爾國自有風俗制度，亦斷不能效法中國；卽學會亦屬無用。天朝撫有四海，惟勵精圖治，辦理正務，奇珍異寶，並無貴重。爾國此次齎進各物，念其誠心遠獻，特諭該管衙門收納。其實天朝德威遠被，萬國來王，種種貴重之物，梯航畢集，無所不有，爾之正使等所親見。然從不貴奇巧，並無更須爾國製辦物件。是爾國王所請派人留京一事，於天朝體制，既屬不合，而於爾國，亦殊覺無益！特此詳晰開示，遣令貢使等安程回國。爾國王惟善體朕意，益勵款誠，永矢恭順，以保佑爾友邦共享太平之福。除正副使以下各官及通事兵役人等，正賞加賞各物件另單賞給外，茲因爾國使臣歸國，特頒敕諭，並錫賚爾國王文綺珍物，具如常儀，加賜彩段羅綺文玩器具諸珍，另有清單。王其祇受，悉朕眷懷。特此敕諭。

附錄(六)

敕諭後一道

「此諭乃乾隆皇帝答大使之要求者。大使之說帖以一七九三年十月三日交和珅；首相而大使接受此諭，乃於同月七日離北京之日云：」

爾國王遠慕聲教，嚮化惟殷，遣使恭齎表貢，航海祝釐。朕鑒爾國王恭順之誠，令大臣帶領使臣等瞻覲，錫之筵宴，賚予駢蕃，業已頒給敕諭，賜爾國王文綺珍玩，用示懷柔。昨據爾使臣以爾國貿易之事，稟請大臣等轉奏，皆更張定制，不便推行。向來西洋各國及爾國夷商赴天朝貿易，悉於澳門互市，歷久相沿，已非一日。天朝物產豐盈，無所不有，原不假外夷貨物，以通有無。特因天朝所產茶葉磁器絲斤，爲西洋各國及爾國必需之物，是以加恩體恤，在澳門開設洋行，俾得日用有資，並霑餘潤。今爾國使臣，於定例之外，多有陳乞，大乖仰體天朝加惠遠人撫育四夷之道。且天朝統馭萬國，一視同仁，卽在廣東貿易者，亦不僅爾英吉利一國，若俱紛紛效尤，以難行之事，妄行干瀆，豈能曲徇所請？念爾國僻居荒遠，間隔重瀛，於天朝體制，原未諳悉，是以命大臣等向使臣等詳加開導，遣令回國。恐爾使臣等回國後，稟達未能明晰，因復將所請各條，繕敕逐一曉諭，想能領悉。據爾使臣稱爾國貨船將來或到浙江寧波珠山及天津廣東來泊交易一節，向來西洋各國前赴天朝地方貿易，俱在澳門設有洋行，收發各貨由來已久，爾國亦已遵行多年，並無異語。其浙江寧波直隸天津等海口，並未設有洋行，爾國船隻到彼，並無從銷賣貨物。況該處並無通事，不能諳曉爾國語言，諸多未便。除廣東澳門地方，仍准照舊交易外，所有爾使臣懇請向浙江寧波珠山及直隸天津地方泊船貿易之處，皆不可行。又據爾使臣稱，爾國買賣人要在天朝京城，另立一行，收貯貨物發賣，倣照俄羅斯之例一節，更斷不可行。京師爲萬方拱極之區，體制森嚴，法令整肅，從無外藩人等在京城開設貨行之事。爾國向在澳門交易，亦因澳門與海口較近，且係西洋各國聚會之處，往來便益。若於京城設行發貨，爾國在京城西北地方，相距遼遠，運送貨物，亦不甚便。從前俄羅斯人在京城設館貿易，因未立恰克圖以前，不過暫行給屋居住，嗣因設立恰克圖以後，俄羅斯在該處交易買賣，卽不准在京城居住，亦已數十年，現在俄羅斯在恰克圖交易，卽與爾國在澳門交易相似。爾國旣有澳門洋行發賣貨物，何必在京城另立一行。天朝界限嚴明，從不許外藩人等，稍有越境攙雜，是爾國欲在京城立行之事，必不可行。又據爾使臣稱，欲求相近珠山地方小海島一處，商人到彼，卽在該處停歇，以便收存貨物一節。爾國欲在珠山海島地方居住，原爲發賣貨物而起，今珠山地方旣無洋行，又無通事，爾國船隻，已不在彼停泊，爾國要海島地方，亦屬無用。天朝尺土，俱歸版籍，疆地森然，卽島嶼河洲，亦必劃界分疆，各有專屬。況外夷向化天朝，交易貨物者，亦不僅爾英吉利一國，若別國紛紛效尤，懇請賞給地方，居住買賣之人，豈能各應所求？且天朝亦無體制，此事尤不便准行。又據稱撥給附近廣東省城小地方一處，居住爾國夷商，或准令澳門居住之人，出入自便一節。向來西洋各國夷商居住澳門貿易，畫定住址地界，不得踰越尺寸，其赴洋行發貨，夷商亦不得擅入省城，原以杜民夷之爭論，立中外之大防。今欲於附近省城地方，另撥一處，給爾國夷商居住，已非西洋夷商歷來在澳門定例。況西洋各國在廣東貿易多年，獲利豐厚，來者日衆，豈能一一撥給地方分住耶？至於夷商等出入往來，悉由地方官督率洋行商人，隨時稽查，若竟毫無限制，恐內地人與爾國夷人間有爭論，轉非體恤之意，覈之事宜，自應仍照定例，在澳門居住，方爲妥善。又據稱英吉利國夷商自廣東下澳門由內河行走，貨物或不上稅或少上稅一節，夷商貿易往來納稅，皆有定則，西洋各國均屬相同，此時既不能因爾國船隻較多，徵收稍有溢額，亦不便將爾上稅之例，獨爲減少，惟應照例公平徵收，與別國一體辦理。嗣後爾國夷商販貨赴澳門，仍當隨時照料，用示體恤。又據稱爾國船隻，請照例上稅一節，粵海關征收船料，向有定例，今既未便於他處海口設行交易，自應仍在粵海關按例納稅，無庸另行曉諭。至於爾國所奉之天主教，原係西洋各國向奉之教，天朝自開闢以來，聖帝明王垂教創法，四方億兆，率由有素，不敢惑於邪說，即在京當差之西洋人等居住在堂，亦不准與中國人民交結，妄行傳教，華夷之辨甚嚴。今爾國使臣之意，欲任聽夷人傳教，尤屬不可。以上所論各條原因，爾使臣之妄說，爾國王或未能深悉天朝體制，並非有意要干。朕於入貢諸邦，誠心向化者，無不加之體恤，用示懷柔，如有懇求之事，若與體制無妨，無不曲從所請。況爾國王僻處重洋，輸誠立貢，朕之錫予優加，倍於他國。今爾國使臣所懇各條，不但於天朝法制攸關，即爲爾國王謀，亦俱無益難行之事。茲再明白曉諭，爾國王當仰體朕心，永遠遵奉，共享太平之福。若經此次詳諭後，爾國王或誤聽爾下人之言，任從夷商將貨船駛至浙江天津地方，欲求上岸交易，天朝法制森嚴，各處守土文武，恪遵功令，爾國船隻到彼，該處文武，必不肯令其停留，定當立時驅逐出洋，未免爾國夷商，徒勞往返，勿謂言之不豫也。其懔遵無忽！特此再諭。

附錄（七）

馬卡特尼大使致廣州總督之請求書（一七九三年）

一　英國商人除納稅於皇帝外，不納其他意外之稅或費，請給稅則一紙，俾英商照貨價納稅。

二　英商及貨物之來往廣州及澳門者，除納稅皇帝外，其他概請免稅，亦請給英文

之稅則一紙，

三　凡英人攜帶或出售之貨，來往廣州及澳門者，一經納稅，請免再納。

四　英商之在廣州者，足跡不能出其行外，不准遠行作運動之事，亦不准入城，視之如野蠻兇惡民族一般，甚爲不便，對於彼等身體，頗多損害，因英人常多作運動或騎馬之舉也。而對於我國體，大不雅觀。故英國大使渴欲求中國政府俯念其困，准其出入自由，騎馬運動，但不准入廣州之隣地及總督保護下之城中。

五　英國水手須受約束，不宜與華人來往，求賜以小島或小地段近廣州者，以資隔別，且爲水手輩之養病院。

六　英商於船既開駛之後，因事須留者，亦請准之。

七　請准英商自由與商人貿易，不限於行商。

八　英國商船來時，中國商人不必擔保每船之稅，致阻商船與他商之貿易。今請由英商船主自行納稅於中國官吏，而得自由與任何商人貿易。

九　請准華人教英商以華文華語，令其易諳中國之法律風俗。

十　凡英國或他國水手犯罪，其國人不預事者，不能代其受罪，請准。

十一　世界有一處亦操同一語言，貿易於廣州者，乃美國人，非英國人。請辨正。

其他要求之意見

凡來往澳門之部籍傢俬等，請勿迫其納稅，因其非出售品也，或一物亦請勿迫其納稅二次。

請准英船卽到波格（Bogue）之內，而帶水在零丁洋駐留。

船祇有納稅於皇而已，請免一千九百五十兩之額外款所謂禮物者。華人不得因供給船隻及應用品而有所需索，因彼等可以擇購也。凡船之轉作海軍用者，毋須納稅。

彼等可築一水手病院在荷蘭島，不必捐款以葬英人。

英人可自由用本地人，而政府應擔保彼等安全。

凡辱英人者，例受懲罰。英國人隨時可與政府通訊。載英人及貨來往廣州澳門之駁船運費，不能比本地人所出者獨多。

主者自可儲款爲船隻之抵押品，而不須中國商人之抵押品。總督所核定每件貨物之出入口稅單，請立衡量之標準。英國人可以買地建廠。

（原文見一八三一年十二月秘密檔案選定會內）（朱傑勤譯）

附錄（八）

粵督粵海關下行商蔡世文等諭

太子少保兵部尚書，總督兩廣部堂，覺羅長，督理粵海關稅務，上駟院卿蘇，諭外洋行商人蔡世文、潘致祥、石中和等知悉：照得英吉利國貢船買換回國貨物，欽奉諭旨，免其輸稅，業經本部堂關部會同撫部院，奏請將嗎庚哆嘶(Mackintosh)貢船免其輸納進口船鈔銀三千六十五兩八分四釐，併免征出湖絲稅銀六百八十四兩四錢四分六釐，茶葉等稅銀一萬四百五十一兩四錢四分七釐，共貨稅銀一萬一千一百三十五兩八錢九分三釐，合行給發諭到該商等遵照，卽便出具領狀，將前項免征鈔稅共銀一萬四千二百兩九錢七分七釐，赴關照數領出，轉給該夷當堂收領，以示天朝加惠遠人之至意。併取具該夷商番稟，領狀稟繳察核，毋違特諭。

乾隆五十九年二月初十日。

嗎庚哆嘶貢船免征船鈔及出口貨稅共銀一萬四千二百兩零九錢七分七釐。內：

萬和行交過夷收紋銀五百零六兩四錢零四釐；

同文行交過夷收紋銀九百六十兩零三錢七分八釐；

義益行交過夷收紋銀一千六百七十八兩零六分八釐；

源順行交過夷收紋銀八百九十六兩七錢五分；

廣利行交過夷收紋銀二千六百二十九兩七錢五分三釐；

怡和行交過夷收紋銀二千七百二十七兩七錢八分五釐；

義成行交過夷收紋銀九十二兩零零一釐；

達成行交過夷收紋銀一十六兩四錢零七釐；

東生行交過夷收紋銀九百八十六兩二錢六分四釐；

會隆行交過夷收紋銀六百四十二兩零八分三釐；

另該夷另諭船鈔未徵銀三千零六十五兩零八分四釐；

通共交還免征紋銀一萬四千二百零九錢七分七釐。

乾隆六十年三月二十六日。

華絲傳入歐洲考

朱傑勤著

絲爲我國最著名之產品，吾人被其澤者歷數千年，蓋有一述之價值。爰作此篇以爲研究農業經濟史者之參考，亦國人所樂許乎？我國何時始有絲，或絲產生於何處，則於我國古書中，猶可窺見一二。

絲品產地，以中國爲最古。易曰：「神農氏沒，黃帝堯舜氏作，通其變，使民不倦，垂衣裳而天下治，蓋取諸乾坤。」（註云：黃帝已上，衣鳥獸之皮，其後人多獸少，事或窮乏，故以絲麻布帛而製衣裳，使民得所宜也。）淮南王蠶經云：「黃帝元妃西陵氏始蠶。」通鑑又云：「西陵氏之女嫘祖爲黃帝元妃，始敎民育蠶，始治繭以供衣服。」黃帝造機杼以輔之，製作衣裳，因此始也。可知中國之有絲，距今已四千六百餘年矣。至於蠶之如何發現，則典籍有缺，未能詳考。搜神記謂太古時有人遠征，家有一女並馬一匹。女思父，乃戲馬云：「能爲迎父，吾將嫁于汝。」馬絕韁而去，至父所，父疑家中有故，乘之而還。馬後見女，輒怒而奮擊，父怪之，密問女，女具以告父，父屠馬曬皮於庭。女至皮所，以足蹴之曰：「爾馬而欲人爲婦，自取屠剝何如!」言未竟,皮蹶然起,卷女而行。後於大樹之間,得女及皮,盡化爲蠶,績於樹上。世謂蠶爲女兒,古之遺言也。此說雖無稽,後盛行於民間,有奉蠶神者,作女兒身,號曰馬頭娘。此亦民俗學家所不可不知也。產絲之地可得而考者,尚書則禹貢所謂兗州,厥貢漆絲,厥篚織文。青州,厥篚檿絲。徐州,厥篚元纖縞。揚州,厥篚織貝。可見中國古代產絲之地多偏於中國東北部諸省,因其地之著名產品以爲貢品也。

絲的用途之推廣,可於我國古書中溯其跡。春秋一書,無用糸字以表示絲之意義,而字有糸旁者,皆用於人名及地名,除例外用於納字及績字,然此二字,並不指絲也。詩經中則有紕字(紕者,用絲爲飾也)總字(總者,絲數也)組字(組者,猶今言絲條也)紼字(紼,大繩也)緩字(緩者,絳線也。)緎字、緫字、縭字、絺字、綌字、緒字、綸字、絢字、緫字等。以上各字,或指絲之名稱,或指絲之用途,間有麻產品包括在內,但多與絲有關,可斷言也。書經則有,除見於詩經者外,緒、纖、纊、纖等字。查論語及孟子二書,則見絲之用途漸廣,而價値日顯矣。孟子書有縲字、絜字、縷字、繡字,爲上述諸書所無者。

綜上以觀,中國之用絲,雖始於黃帝之世,但或因其產生之稀少,或製造之未善,故其用未廣。至春秋時代，文化進步，而絲乃大顯於世。

古代中西交通，實以絲爲開端。西人知有中國，亦以絲爲前提。西人稱夾等之絲製品曰塞爾基(serge)，因稱中國曰塞利加(serica)，而稱中國人曰塞雷斯(seres ser)者，漢語繒兒之譯音。ge 者，西人所加語尾。考漢書灌嬰傳師古注：繒者，帛之總名。廣韻：繒，疾陵切，集韻、韻會慈陵切。希臘語頗類似之。蓋當西曆紀元前五世紀之頃，中國之繒已越帕米爾至印度波斯。及亞立山大大王東征以後，復經敍利亞人手，輸入歐洲。

絲之初入歐洲，西人詫於其物，震於其名，必費心力以討論研究之矣。其實彼等於絲，毫無正確之觀念：詩人威爾基(Vergil)，謂絲由樹皮之內膜梳出，可謂無稽。至亞里斯多德及普林尼 Pliny 於紀元前三五〇年指此物出自一種毛蟲，則漸近自然，差強人意矣。

羅馬與中國通商，亦大抵以絲爲媒介。羅馬自奧古斯都 Augustus 極力建設之後，朝綱日振，家國太平，朝野殷富，人民乃盡留意於物質之享奉，恣爲侈態，理所當然。而奇珍異寶，自遠而至，中國之絲，適爲其所嗜之物，故力求與中國通商。徵諸紀載，羅馬與中國通商，實始於漢代，以東方諸小國爲其導線，如漢書張騫傳（卷六一）云：

「……騫身所至大宛、大月氏、大夏、康居……」騫曰：「臣在大夏時，見邛竹杖，蜀布，問安得此。」大夏國人曰：「吾賈人往市之身毒國（卽今印度）。身毒國在大夏東南，可數千里。……」

由此觀之，則當時帕米爾高原、阿富汗、印度等西部亞細亞，已有我國貨物之出現。同傳又云：

「初置酒泉郡以通西北國，發使抵安息（昔之帕提亞，今之波斯）奄蔡、犂軒（犂軒者，外國記之大秦也。——岑仲勉先生說條支身毒……」

則當時羅馬波斯亦有吾人之足跡。所謂使團者，非純粹官吏，必有無數賈人雜於其間。史記大宛傳云：

「天子好宛馬，使者相望於道。諸使外國一輩大者數百，少者百餘人。人所齎持大放博望侯時，其後益習而衰少焉。漢率一歲中使多者十餘輩，少者五六輩，遠者八九歲，近者數歲而返。……吏卒皆爭上書言，外國奇怪利害求使。天子爲其絕遠，非人所樂往，聽其言予節，募吏民毋問所從來，爲具備人衆遣之，以廣其道。來還不能毋侵盜幣物及使失指，天子爲其習之，輒覆案至重罪以激怒令贖，復求使。使端無窮而輕犯法。其吏卒亦輒復盛推外國，所有言大者予節言小者爲副。故妄言無行之徒，皆爭效之。其使皆貧人子，私縣官齎物，欲賤市以私其利外國。」

可知當時政府常以政治經濟爲前提，而威迫利誘一般吏民出使絕域，以廣其道；而吏民亦乘機紛起而欲發洋財，每歲赴西域者少者五六百，多則數千人，是使者卽商人，商人卽使者，一而二，二而一者也。然此猶可謂此種買賣式的使團爲諸色人等組合而成，其對外貿易，偶一爲之，非其素業。惟據吾所知，則向來我國殖民的地方，必以商人爲其中要素。故當時漢與西域之交通既開，則商人之貿易往西域者，實繁有徒。後漢書班超傳：「永元六年秋，超遂發龜茲鄯善等八國兵合七萬人，及吏士賈客千四百人討焉耆」。循是以推，不難立見，執此一例，可概其餘。

考中國生絲繒帛，初由安息輸入羅馬。安息者，本亞洲阿利安民族之游牧人種，據波斯舊境立國，扼蘇里曼及耶爾布爾斯兩山脈，憑藉山河之險阻，拒退羅馬兵。羅馬兵不能東下，故歐洲市場之貿易，均爲壟斷，且常與羅馬爲難。中國欲通羅馬，亦爲所梗。紀元九七年（漢和帝永元九年），西域都護班超欲征服天山南北路及葱嶺以西各國，大月氏、安息等國皆入貢。超聞海西東大國，地方數千里，其人民皆長大平正，有類中國，故謂之大秦。（即東羅馬帝國）遣掾甘英往通之。『抵條支，臨大海，欲渡。而安息西界船人謂英曰：「海水廣大，來者逢善風，三月乃得渡，若遇遲風，亦有二歲者，故入海人皆齎三歲糧。海船中善使人思土戀慕，數有死亡者。」英聞之，乃止。』（後漢書西域傳）於是東西二大帝國之直接交通，遂爲安息人所中阻。實則安息本狡猾貪婪之民族，世與羅馬爲仇，爲爭權利起見，不利其與東方大國交通，又販運中國繒帛等物與羅馬，復販運金銀珠寶等物與中國，居間中飽，壟斷獨登，不願使兩國直接貿易，故西方舟人，造爲怪誕之說，以欺漢使。甘英大陸人才，素無海上經驗，爲其所惑，遂至中止，誠爲可惜。安息人野心甚大，遇事生風，紀元後百六十一年，安息侵掠羅馬東方諸州。羅馬患之，處心積慮，一方急欲征服安息，由陸上直接與漢通商；一方力闢航路，以爲海道通商之計劃。故後漢之世，羅馬佔敍利亞以西之地，屢與安息爭西亞細亞。其後百六十二年，馬古奧勒流安敦帝遣將征之。明年，安息破軍旅渡幼發拉底河，陷賽賴烏基市，復渡氣古利斯河，占庫泰西封市，乃舍却陸路，取道海路，由波斯灣泛舟，遠道印度洋，直抵中國南海，而中國羅馬之海路遂闢。然中西之商業關係，亦暫告停頓，蓋羅馬諸市，實仰安息商人爲之導體，今安息退敗之後，其商人阻於羅馬之軍隊，至不得達，每年定期互市中止。中國之生絲繒帛，不得至羅馬，羅馬製造之貨物，亦不能至中國。諸市商人，蹙焉憂之，竭力謀與中國直接通商，於是設法遣人東渡，但亦不能獨以通商爲請，則不得不假使節以爲文飾之具。故後漢書西域傳（卷一一八）云：

「……其王（大秦）常欲通使於漢，而安息欲以漢繒綵與之交市，故遮閡不得自達。至桓帝延熹九年（西一六六），大秦王安敦遣使自日南（安南）徼外獻象牙、犀角、玳瑁，始乃一通焉。」

文中所謂象牙、犀角、玳瑁，皆爲安南產，並非自羅馬帶來，則知彼等航行至於安南登陸，就地採購土物，藉爲先容。後漢書謂其所表貢，並無珍異，於此益信，而中國羅馬之通商實自此始。自是以後，中西貨物，多由海路貿易，據梁書列傳第四十八云：

「孫權黃武五年（西二二七），有大秦賈人秦綸來到交趾，交趾太守孫邈遣送孫權。」是其例也。

當時絲之輸入羅馬，本換其產品如寶石、琥珀、珊瑚之類以歸。然我國絲品因道路遙遠，輸運不易之故，其價值幾與金相埒，故一般道德家及憂世者，對於此大量之奢侈品，未嘗不蒿目痛心，見人之穿絲服者則痛罵之，目爲淫冶之物，而致嘆於世變也。羅馬用絲之廣，實始自內爭時期。織絲之地點，則爲太爾(Tyre)及貝魯特(Banytus)，亦有在可斯(Cos)製造者。而斯時之詩翁，則盛稱可斯之絲，謂其組織之美麗也。輸運之費，高於其價，故非貴族之家，不能用之。抑勤氏在書中告人，謂埃及女王姑婁巴(Cleopatra)披絲服而臨盛席，而其服又成於太爾技巧女工之素手者。絲之應用，風靡一時，即男子亦有取而用之，初不限於婦女界。但此舉在提庇留(Tiberius)朝曾下詔禁之，以其大有巾幗氣象，惟絲之貿易，日進不已，初不因詔禁而停止。普林尼(Plinus)曾擬一奢侈及寶貴品表，列絲在內；而由馬細阿爾書中，又得知絲之一物，惟富豪之王族所得而有；羅馬城中之大市，始有出售者。圖拉眞及哈德良二人一出，別創一新紀元，一切無謂繁靡之舉動，雖加禁止，而絲之貿易，依然不受阻遏。羅馬帝國晚年經濟界實受其患也。

欲考華絲傳入歐洲之情況，不可不先探其絲路。據吾所知，絲業及交通之文字，紀載蓋尠，所希望之證據，惟有於吉金貞石求之。英屬印度政府派匈牙利人斯坦因於清光緒二十六年，由印度至新疆天山南路，以和闐故址為主，從事調查與發掘，得到可貴之考古資料頗多，著為古和闐（Ancient Khotan）一冊。而古代東西經過中亞之交通，方確有可尋。其中論及東西通商之事，謂當羅馬帝國及中國最盛之時，中國已展其長臂，以謀轄制北貫戈壁，南達西藏之商路。介乎其間者，則當時統有藥克薩（Oxus）及恆河二流域間之塞種貴霜王朝也。地中海及東方之間，則有裏海及波斯灣間之安息（帕提亞）波斯灣及紅海與東方之間，則有大食。有中國以至塔里木河流域之兩道，不出藥克薩河之大夏（Bactrica 為今之 Balkh）及巴撒婆拿 Bususapura （今之 Peshavar）之間。東方貨物，由此南下，以達印度。由此西向，更有三道：一由安息領域之北；一由其南，以同歸於底格里斯河（Tigris）之塞流細亞（Seleucia）之盛鎮；第三道則沿藥克薩河橫過裏海，以向黑海沿岸諸國。惟此路不甚要耳。由塞流細亞而後，貨商或經泥濟布（Nibsibis）及以得撒（Edessa）以至安都（Antoich）或則由帕米拉（Palmyra）過沙漠而向大馬色（Damascus）及太爾（Tyre）。與此諸路相競者，則南由印度洋之海道，始於現近東京之卡地喬拿（Catigura），沿印度支那海岸及印度至印度河口之巴里支士(Barygazia)（即今Caubab灣之Baruch)及巴比里琴(Barbaricumo)，由此取道波斯灣以達米索不達米亞(Mesopotamia)，或由紅海至埃及以達亞立山大，運東方貨物達地中海。當時交通頗繁，印度及阿刺伯南部之人東至中國，西去羅馬，而羅馬之商人亦因之或陸或海，以入中國，斯坦因博士所述之商路，殊非鑿空，皆有資於事實，蓋其常在祿盧平沙荒漠之中，發見絲之貿易之遺跡，而一屋中有絲一小包，仍未盡損，則可證其言矣。

迄今歐洲已有絲之生產，實不能不拜中國之賜。吾人既知用絲，則必知絲之由來。絲為蠶所吐，無蠶則無繭，無繭則無絲。初時吾國之養蠶法未傳於歐，他國欲絲者舍購無從。他國既妒且羨，必欲得蠶以養，則設法以應其求，而中國養蠶法遂不能久秘矣。蠶之入歐，復有二說，言之有類故事神話焉：唐史載于闐初無桑，乞鄰國（指中國之地）不肯出。其王即求置婚。許之，將迎乃告曰「國無帛，可持蠶自為衣。」女聞帽蠶置絮中，關守不敢驗，自是始有蠶云云。玄奘西域記，亦有同樣之紀載。斯坦因氏昔日在于闐國境內一個檀檀威利克(Dandan Vilig)寺院報壁上見一圖，圖中有盛繭的籠，左右有窄袖左衽的兩婦人相對而立，其左側之婦頭戴金冠，狀如王后，其左側之婦人，似爲侍女，高舉左手而指王妃之首。王妃後有織機，則表現上述之故事也。由上所述，則蠶種既入於和闐，則亦不難輸入歐洲，蓋和闐爲中西交通之要道，且未必無人效某宮主之故智而傳入他國也。惟世界上一般人多以養蠶術之西傳，歸功於二波斯僧之身。西曆五五〇年，統治君士坦丁之東羅馬皇名優司提尼阿奴司(Justinianus)者，知絲業之重要，則決意羅馬產生絲業。時有二波斯僧侶布教於中國境內者，向帝述及他等親見養蠶製絲之情況方法。帝乃密遣之，命其攜繭入國。彼等由君士坦丁步行入中國，及其回，則攜繭以俱歸。但此事進行甚秘，蓋其謀一洩，性命堪虞也。彼等以通心之竹杖，中藏無數之蠶卵，齎歸君士坦丁，而獻之於羅馬皇帝。時羅馬帝方統治於土耳其之故都也，帝乃大喜。敲破蠶卵之後，而一羣絲蠶發現於歐洲，開歷史之先聲也。每一母蛾，可得五百餘，孵化若是之容易，種類遂爾繁殖。而此波斯僧小弄神通，輕舞竹棒，而予歐洲以莫大之金鑛矣。

上述事實，畢贊廷的史家普羅珂李司(Procopius)及瑟阿化爾涅司(Seopharnes)二人都如是說。不過關於其所由來的地方，則各執一說，普氏則以爲是瑟林達(Serinpa)而瑟氏則又說是瑟林司(Seres)。吾人由二人所主張之地方不同上推測，則當時的瑟勒司，當天山南路地方，瑟林達乃瑟爾、印度的聯合名詞，指中國印度交界之地而言，或以兩地作爲天山南路的和闐(Khotan)附近，要無大錯。要之此說與上說無甚衝突，蓋中國蠶種，先由某宮主傳入和闐，後由二僧侶傳入君士坦丁也。亦有謂傳蠶卵入君士坦丁者爲印度僧人，現無確考，惟我仍以波斯僧爲然。蓋於西曆紀元六三五年（唐太宗貞觀中），景教已流行於中國，波斯人亞羅本(Olopen)齎其經典來長安，太宗尊信之，使房玄齡賓迎，留禁中翻經，爲建波斯寺，度僧二十一人，其徒自號景教，表其教旨光輝發揚之義也。高宗時，更於諸州建波斯寺，號亞羅本爲鎮國大法主，其教大行。玄宗天寶四年，詔波斯經教本出大秦，其兩京波斯寺，宜改名大秦寺。可知景教之出自大秦，而景教徒多爲波斯僧也。考諸西史，公元四六年，景教主敍利亞人聶斯託良(Nestorius)已在君士坦丁爲教長，故優司提尼亞奴司(Justinianus)時代來華之僧，當爲波斯人。且傳教而來者，其負有使命，輸入蠶種，履險如夷，因利乘便，又何疑焉。

自是以後，君士坦丁爲歐洲唯一之養蠶地。其後經六百餘年，逮西西利(Cicily)王國盛之時，與東羅馬作戰，大勝之，俘虜無數，得其養蠶法，而西西利遂亦產絲絹，漸播於利及法蘭西。其後法人因宗敎之窘迫逃往英國，而製絲之秘遂傳入他邦，英國乃有物之工業。英德二國，競起育蠶，而蠶繭不足供工廠之用，成效未著。南美洲曾一度試桑樹由法意二國南部移植而來，亦遠東產，惟亦歸失敗。大約西曆一八五〇年，意法之蠶絲大病。經此大災，二國之損失，殆不可數計，惟幸經營有法，蠶不致絕種耳。今歐桑之學，日有進步，以視吾國之故步自封，日淪窘境。有志者不遠千里，求學異邦，揚榷企圖興復。蠶絲本爲我國之特產，偶一不愼，爲外國輕攘以去，渺矣難追。楚材晉用，爲然！

（完）

（國二十八年十一月印刷
（國二十八年十一月發行

歷史叢書 中西文化交通史譯粹（全一冊）

◎實價國幣一元五角
（郵運匯費另加）

版權所有

著作權證

譯者 朱傑
發行者 中華書局有限公 代表人 路錫
印刷者 上海澳門 美商永寧有限公
總發行處 昆明 中華書局發行
分發行處 各埠 中華書

（一二四〇八）